智元微库
OPEN MIND

成长也是一种美好

思 读 讲
悟 省 写
学 问 行

知行力

重新定义成事逻辑

何伊凡

著

人民邮电出版社
北京

图书在版编目（CIP）数据

　　知行力 : 重新定义成事逻辑 / 何伊凡著. -- 北京 :
人民邮电出版社, 2022.6（2022.6重印）
　　ISBN 978-7-115-58983-5

　　Ⅰ. ①知… Ⅱ. ①何… Ⅲ. ①学习能力－能力培养
Ⅳ. ①G442

　　中国版本图书馆CIP数据核字(2022)第049162号

◆ 著　　　　何伊凡
　　责任编辑　刘艳静
　　责任印制　周昇亮

◆ 人民邮电出版社出版发行　　北京市丰台区成寿寺路 11 号
　　邮编 100164　电子邮件 315@ptpress.com.cn
　　网址 https://www.ptpress.com.cn
　　天津千鹤文化传播有限公司印刷

◆ 开本：720×960　1/16
　　印张：15.25　　　　　　　　2022 年 6 月第 1 版
　　字数：280 千字　　　　　　2022 年 6 月天津第 2 次印刷

定　价：69.80 元

读者服务热线：（010）81055522　印装质量热线：（010）81055316
反盗版热线：（010）81055315
广告经营许可证：京东市监广登字 20170147 号

积极心理学就是 21 世纪的阳明心学

王阳明先生的致良知与知行合一，其实从积极心理学的角度都已经被证明了。

良知是什么？它是人类进化选择出的人性。由于时代局限性，王阳明先生无法从科学的角度论证良知的定义，只讲了"无善无恶心之体，有善有恶意之动，知善知恶是良知，为善去恶是格物"。

我们现在至少能提炼出 9 种良知。其中一些阳明先生没说，因为在他生活的那个时代没有类似的概念。但阳明先生的路径是对的，结论是对的，那就是一定要挖掘出人的特性。这种挖掘本身就是"做"，要知行合一，仅仅知道是不够的，一定要行动起来。

在我看来，王阳明是积极心理学的先驱，也可以说，积极心理学是 21 世纪的阳明心学。这就是我对自己现在工作的一个理解，即提供一个科学版的阳明心学，提供一个带有现代意义、科学意义的阳明心学。

有的人为什么做不到知行合一？答案是他们没有意识到知和行是一体的。有一个心理学概念叫作具身认知（Embodied cognition），是加利福尼亚大学圣迭戈分校的心理学家劳伦斯·夏皮罗（Lawrence Shapiro）于 1990 年提出的。它是指个体的运动系统、感觉系统和个体与环境互动的经验等因素，在个体无意识的情况下会影响个体的高级思维及行动。

以前的人们总以为大脑将获取的知识储存在海马体中，将其作为一种概念、理论记下来，那是因为他们对心理和大脑的了解还不够多。其实，所有的知识通过感官、视觉或听觉进入大脑后都会变成神经元的联系，成为一种网络。神经科学对人的大脑进行研究后发现，人具有丰富的感知觉神经，但是神经元集合之间的"连接"却很少。每个人大约有 1 亿个视神经，但用来连通视网膜和大脑的"连接"只有 100 万个。这就意味着不同物体对我们产生的不同神经激活信息必须分享同一个神经"连接"，即我们始终在对物体和概念进行归类。我们的感知经验，如看到什么、摸到什么，决定了意识层面的归类选择和归类结构。

加利福尼亚大学伯克利分校著名的认知科学家乔治·莱考夫（George Lakoff）认为，知识都是肉体的。当我们理解一个汉字时，是一个神经网络在发生作用，有生物电、生物化学的一些反应，而放电产生的影响涉及全身。当一个人高兴时，你会发现他抬头挺胸、面带微笑；当一个人悲伤时，你会发现他垂头丧气、愁眉泪眼。此外，诸如戴墨镜更容易欺骗他人、穿黑色衣服会让球员容易犯规等相关心理学试验，也都是具身认知。知识存在于行为中，表现在身体上，蕴藏在体验里，所以知和行是一回事。王阳明先生有智慧，想到了知行合一，但在他所处的那个时代，其理论还无法被科学证实。

对现代人来讲，要理解心学确实有一定的难度。其实从龙场悟道开始，王阳明的所有智慧就与具体的生活、行动联系在了一起。如果没有这个场、这样的行动，那么他也悟不出来。

知识要动起来，书本是知识、经验的积累，也是身心经验的积累。王阳明先生也说，心学是自百死千难中来的，不能玩味。那么，通往知行合一道路的工具和方法是什么？

一定要有行动、方案、实践，如果可以，学习案例场景模拟或沙盘推演等，就比只讲理论好。积极心理学之父、美国心理学家马丁·塞利格曼（Martin Seligman）说过，进化选择的是那些有预见能力的人。人类大脑在什么都不做的情况下，也在消耗 20% 的身体能量。此刻大脑处于一种默认模式，在畅想未来，这是人类独有的竞争优势。

如何对未来的场景进行预见？一个简单的心理学方法叫意念想象，就是闭上眼睛在头脑里把自己要做的事情演练一遍。我培训过射击选手、自行车选手等，发现他们有一个特别优秀的能力：在比赛之前能够静下心来，在头脑里过一遍自己最优秀的一次表现。

我们还提倡"演戏"。演戏虽然是假的，但是演着演着你就真的将自己代入其中，然后流露真实的情绪。演心理剧是一个很好的方法。

当然，我们还可以复盘，对已经发生的事重新做一遍，回顾目标，总结规律，这是非常重要的方法论。

这都是从大的方面讲，小的方面的个人心态修炼相对简单，按照积极心理学的方法去做一些事，如跑步、唱歌、跳舞、看书、听音乐；和亲人增加亲密互动，如谈心、拥抱、互送小礼物、打电话之类。其实大家平时可能也在做，但不知道背后的道理。

积极心理学对解决现实困难的益处表现在以下几个方面。

第一，让我们永远保持正面情绪的激励。希望感特别重要，伊凡创建了灯塔知行社，其实灯塔也有给人在茫茫黑夜中看到希望的含义。有时，心理学并不是给你一个解决方案，而是给你希望，和灯塔一样。学了心理学中情绪调节的内容，你就知道如何在自己抑郁甚至感到绝望的时候，放松下来。

第二，积极心理学能帮助他人。一个人不可能解决所有的困难，这一点企业家们一定要明白。你之所以优秀，是因为你能够让其他人与你一起优秀。企业家一定要有一种积极的能量，给人召唤、给人感染、给人激励，积极心理学最大的益处之一就是激励周围人。

其实很多管理者都发现了，积极的管理比消极的批评更好。我们学了西方的工具理性、绩效主义、关键绩效指标，这些也都有效，但容易忘掉真正的人性是什么，良知是什么。

第三，积极心理学在某种程度上释放出一种社会正能量。企业家千万不要忘记，企业不是独立存在的，经营涉及很多要素。当你作为一种积极的能量出现时，就很容易得到更多的支持。

积极心理学的好处其实比我们想象得多。有人学了一些打仗的策略，比如《孙子兵法》之类的，其实并没有真正读懂它。兵法说得特别好：攻心为上。心在哪里？与其学兵法，不如学心法，一定是心法不行了，没有其他方法了，才要打仗。

彭凯平

清华大学心理学系教授、博士生导师

简约商业思维与知行合一

2021 年 10 月，我与伊凡有一次深入的对话。我们谈到了创业者应当具备的素质，而知行合一是其中的核心要素。这一点，在我过去创业、投资和服务创业者的过程中，体会尤其深刻。

创业也好，投资也好，没有春夏秋冬。一年四季都是风景，机会无时不在、无处不在。环境固然重要，但更重要的是你能不能通过自己的创造，为世界更加文明、人类更加幸福，做出独特的贡献和价值。如同王阳明所说的，人如果能够致良知，就如操舟使舵，纵然无边风浪，只要舵柄在手，就能乘风破浪，可免于沉没。创业者也需要找到自己的舵柄。

创业者如何找到自己的舵柄呢？答案是可以从认知世界、认知商业、认知自己开始，大道至简。我一直倡导简约商业思维，其中包括三组词、十二个字，都是知行合一的应用。

对这三组词要分清楚。

第一组词——投资和投机。 投资投的是未来，是能够看到某家企业的产品、服务会成为市场真正需要的。投机则完全是另一回事，看见企业盈利前景好就蜂拥跟进，这是盲目跟风，是投机行为，只会在某一个时间点可能有所收获。

但是所有投机行为，一定会在另一个时间点以更加惨痛的代价为结果，没有例外。我一直劝诫创业者和投资人，不要投机，永不投机。

　　第二组词——估值和价值。估值，是有科学依据的。一家企业到底价值1000万元、1亿元还是10亿元，要经过深刻的尽职调查和判断才能得出。

　　我曾看到一个现象。比如我们看好一家企业，认为它可能价值2000万元，但是其他投资者认为只要是我们机构看中的企业，一定有巨大前景。他们也去找这家企业洽谈，出价5000万元，另外一个投资人跟风出价1亿元。但是它真的不值1亿元，最后投资上亿元，大家的投机心理就产生了。创业者的心态也会由此发生变化，会比原来狂妄。原本如果投资2000万元，慢慢做，可能真的能将这家公司发展成价值上亿元的公司。但直接投资上亿元，然后这些钱被迅速花费、盲目投入，最后企业倒闭了，上亿元的投资也白费了。

　　估值是投资人给的，到底价值多少，创业者自己应该清楚。

　　第三组词——梦想和幻想。"梦"字，上面是两个木，成林，这代表物质；下面是朝夕的夕，代表时间。梦想是什么？它是需要通过长时间的投入，实实在在、踏踏实实的行动，才能够实现的。幻想是什么？"幻"字，左边是个乱绞丝，右边是横折钩，所以左边是乱的，右边是空的，这就叫幻想。胡思乱想，又空洞无物，幻想一定会破灭。

　　所以企业家要拥有梦想，要有价值判断，要做真正专业的投资，而不能投机。不盲目迷信估值，不幻想，这样才可能拥有更好的前景。

　　十二个字，即把握本质、遵循常识、聚焦关键。

如何把握本质

　　商业的本质就是做好以下三件事：第一，企业生产的产品或提供的服务是市场需要的，是面向未来的，是解决问题的，是创造价值的；第二，运营，企业的运营成本是低的、效率是高的，企业管理者自身拥有强大的执行力，能够做到知行合一；第三，面对市场，传播一定要快、准。把这些短板补上，成功的概率就更大一些。比如经营企业的本质，就是制定战略、确立战术、组织战斗。做好这三件事，企业就能做好。

作为企业家，别听那么多新词，容易被搞糊涂，首先必须抓住本质。比如，第二曲线，就是第二后续业务的准备。因为产品和服务都有其生命周期，在生命周期走到下行点的时候，企业把新产品、新业务准备好，就可以继续，并不复杂。再如，数字化管理，回归最基本的五项职能，即计划、组织、协调、激励、控制，企业把这五件事做好就行。没有一个放之四海而皆准的管理模式，每家企业都不一样，适合的才是最好的。谷歌公司的管理风格比较自由，苹果公司的管理制度有严明的纪律，风格迥异并不妨碍它们成为行业翘楚。

遵循常识，少走弯路

以一个简单的常识为例。你要创办一家企业，就会有合伙人、员工、资源方和供应链。你与上述各方最本质、最常识的关系，就是交易关系。有人认为哥俩好怎样都行，最后无一例外，几乎都走不下去。所以一旦构成交易关系，有一个顺序是不可以改变的，即法、理、情，以法律为基础，辅之以理，动之以情，这才是对的。但我们经常会反过来。

我曾提出一个概念"创业三十六忌"，具体包括：一忌随波逐流，二忌空中楼阁，三忌半途而废，四忌得意忘形，五忌见利忘义，等等。遵循常识，虽然不能保证成功，但不违背常识，能让创业者少走一些弯路。

聚焦关键，抓主要矛盾

企业是分阶段发展的，在不同的阶段有不同的形态，不能一刀切。在某个时间节点上，有的企业可能必须融资，有的企业需要在研发上投入时间和资金，有的企业要做好销售准备，都不一样。当你在最关键的地方没有大力投入时，企业的发展就会受到影响，甚至，由于资源配置不合理，企业经营可能难以为继。

最后，我想强调创业和投资一定要遵循以良知判断事物，创业的底层逻辑也一定要向善，从企业价值观到个人的德行品性。一个具有博大的胸怀、心中充满爱的人，才可能做出一项真正伟大的事业。

创业路上，既有各种艰难，也有各种诱惑，我们判断与选择的标准是良善。良善决定了一个人能够走多远。

我判断一个创始人行不行，最核心的一点，就是看他的德行、品行。那么，如何感受一个人是否具有博大的胸怀、是否良善？很简单，比如去感受他是不是个孝子，如果不是孝子，干出来的事也不会是好事。如果一个人连自己的父母都不能热爱，他还会爱谁？还有一点，他要有感召力和领导力。在今天，任何一件事不可能由一个人完成，一定是由一支团队共同完成的。企业领导者要团结大家一起去创造事业，这个能力极其重要。从某种程度上讲，感召力和领导力也是爱人与被爱的能力。

伊凡在新书《知行力：重新定义成事逻辑》中表达的很多观点与我对创业所感异曲同工。不止创业，我们做任何一件事，其实都需要这种知行力，遵循良知判断事物，你会从内心深处获得知行合一的力量。

徐井宏

北京中关村龙门投资有限公司董事长

目　录

由知而行

故事

由行而知

复盘

知行合一

知行从来未分离

近几年，国内每分钟注册的公司超过 8 家，其中有多少家只是在"表演"创业？

每天，仅在北京西二旗就有 10 万人涌入不同的互联网大厂，但有多少人或许是在"表演"工作？

在中国，每年为知识付费的人已超过 4 亿，但有多少人或许只是在"表演"学习？

这些问题难以获得具备数据支撑的标准答案，毕竟有的人"表演"得太逼真，连他自己也相信了。表演者总是实干家的几倍，表演者并非不努力，他们甚至比实干家还要努力数倍，只是一直在错误的方向上努力。

我曾经也是一位"表演者"，在主流财经媒体工作了 12 年。这份职业的额外福利，是有机会与最聪明、最有野心的人交流，这让我误以为听到的、看到的商业世界就是真实的。

后来"一入创业深似海"，发生在别人身上的故事，都变成自己身上的事故。静夜沉思，当探究那些卓越而性格迥异的企业家彼此底层逻辑中最大的交集，结合实战体验，我发现表演者与实干家之间的最大差异，就是"知行合一"。

"知行合一"既是过程，也是结果；既是方法，也是目的；既是起点，也是终点。探究当代商业史上著名的败局，眺望星辰大海的人为什么会创建一家"PPT 公司"？精于计算的人为什么会财务造假？善于反省的人为什么多次跌进同一个"坑"？讲起《道德经》头头是道的企业家，为什么会犯"至刚易折"的错误？其症结都在于不能知行合一。

学习了所有道理，但生活依旧一团乱麻；减肥总是半途而废；家庭关系如同没有硝烟的战场；在职场中，要么是"背锅侠"要么是"透明人"；投资失败要么血本无归，要么负债累累；造成这种局面的原因同样是知与行的二元对立。

当前信息如此发达，信息量、数据量都以指数级增长。互联网数据中心（IDC）发布的《数据时代 2025》白皮书显示：预计到 2025 年，全球每年产生的数字化内容将从 2018 年的 33 泽字节增长到 175 泽字节，相当于每天产生 491 艾字节的数据。这个数字意味着什么？1 泽字节相当于 1.1 万亿吉字节。如果把175 泽字节全部存在 1 太字节的硬盘中，需要 1750 亿块硬盘，将它们连接起来足够绕地球 437.5 圈，将它们装入机柜，大约重 8750 万吨。

遗憾的是，多数人的学习能力并没有因此而提高。知识如何转化为力量，变得更加变幻莫测。"信息越容易获得，反而越容易让人变得愚蠢。"在《信息技术让大多数人变得越来越愚蠢》一文中，香港中文大学全球与当代中国高等研究院首任院长郑永年提出了一个"活尸人"的概念："在互联网时代，人们不用像从前那样使用大脑追求满意的生活了，信息到处都是，随时抓取就可以达到自己的目的。如果不用太多的思考，甚至不用思考，长久下去，大多数人的思维能力必然衰退和弱化，从而演变成高度依赖外界提供信息而生活的'活尸人'。"当前，人们欠缺的不是知识，而是知行合一的能力，找到知行合一，就找到了生命之舵柄。

将知行合一落地的能力，就是知行力，知行力只解决一件事：让知识变成力量，让力量反哺知识，在循环中获得终身成长，是不确定时代增强自身确定性的心法和工具。

知识爆炸、信息爆炸，行动力也要爆炸。其中应注意避免两个误区：放任知识沉睡而不用；没有知识积累的盲动。

知与行不是理论与实践

知与行的关系，既是儒家先贤讨论的核心命题之一，也是儒家道德实践理论的两个重要范畴。在以程颐、程颢与朱熹为代表的宋代理学中，知与行有知识与实践的区别。知既是名词，又是动词，不仅指"知识"，也指"求知"的行为。行，不是泛指一切行为，主要是指人对既有知识的实践或实行，基本观点有三个方面：先知后行、行重于知、知行互发。

明代王阳明提出了知行合一。心学中"知"的范围比宋儒的更狭小，是意识或主观形态上的"知"；"行"的范畴则比宋儒的更宽泛，既可以指人的一切行为，也可以包括人的心理活动。知和行，就其本意是"合一"的，这种合一并不指二者完全是一回事，而是强调二者不可割裂。[①]

许多人都听过"知是行之始，行是知之成"，以及著名的四句教："无善无恶心之体，有善有恶意之动，知善知恶是良知，为善去恶是格物。"[②]王阳明的这

---

① 陈来 . 有无之境：王阳明哲学的精神 [M]. 北京：北京大学出版社 . 2020.

② 无善无恶就是本心最自然的状态，它是心的本体；良知一旦被遮蔽，所发出的意就有了善恶；良知，是人与生俱来的道德与智慧的直觉 / 直观力，可以用来判断善恶；践行那些善的念头——为善，消除那些恶的念头——去恶。王阳明说，这种为善去恶的功夫就是格物。——编者注

些"金句"，都是从百死千难中得来的，并非把玩就可以体会。

王阳明身后 300 余年，晚清名臣曾国藩成为大放异彩的一代儒宗。曾国藩虽然信奉程朱理学，但他与王阳明不同，他是知行合一坚定的践行者。千百年来，风流人物无数，唯有王阳明和曾国藩受到中外无数英雄豪杰拜服，特别是当代企业家会反复研读他们的思想，原因在于他们并非坐而论道，而是脚踏实地地解决了时代难题，完成了"立功立德立言"的圣贤使命。

明史称王阳明为文臣用兵第一人，有军功三征，率文吏弱卒，荡平赣南为患数十年的匪患；用 35 天的时间，平定了宁王朱宸濠策划了 30 年的叛乱；数月内清缴盘踞广西思恩、田州以及断藤峡多年的巨寇。曾国藩创立湘军，建造了中国第一艘轮船，建立了第一所兵工学堂，印刷翻译了第一批西方著作，安排了第一批赴美留学生，对近代中国而言可谓举足轻重。

我研读王阳明与曾国藩近 20 年，后创立灯塔知行社。在知中行，在行中知，我逐渐体悟到为何知与行不可分离，以及阳明先生所说"只要一念发动，就是行"。要想掌握知行合一，必须"实落用功""事上磨炼"，心学不是干瘪的，而是活泼灵动的。

有人把知行合一理解为"理论联系实践"，事实并非如此。知行合一讲的是"知""行"是同一个功夫，知即是行，行即是知。理论联系实践，还是将知和行分离了。我们已知的关于现象世界的全部知识，无一例外地来自现实生活实践。知的过程，就是实践的过程，比如你还没有吃过榴梿，但有可能知道榴梿是"臭"的，而"榴梿'是'臭的"这个知识来自别人的行为实践。

王阳明晚年提出"致良知"，将"知"超脱了知道的范围。所谓良知，就是人人本身就存在、真实状态下的道德感。

金观涛先生在《中国思想史十讲》中，曾提出：中国文化以道德为终极关怀，道德是中国政治制度和社会秩序的正当性基础。心学从明末开始大放异彩，其魔力就在于认为符合良知的道德是具有主观性的，开启了道德多元主义之门，视道德为个人生命力的表现。

道德是从自己内心出发的，王阳明曾说，一个人判断是非时，贵在得之于己心，即使孔子说的话，你心中觉得不对，也不敢自以为是。心学简化了对良知的理解，把人的求利动机或需求都看作良知，取消了"善"就是"好"的普遍认知。

知行力拥有直达人心的力量

日本经营之圣稻盛和夫的思想武库就来自王阳明，他曾说："我从中国古典思想中学到最核心的一点就是'致良知'，遵循良知判断事物，这是我所有事业成功最大的原因。"

为何如此？掌握了心学，复杂的外部世界就变得格外清晰，如何做决断也就了然于胸：作为管理者能够从心出发，制定利于人心的管理要素，如组织、流程、考核、激励等；作为个体，也能够持续进步，迭代认知。

有一些企业家虽然没有研读过王阳明的著作，但先天具备知行合一的素养，拥有直达人心的力量，如海底捞的创始人张勇。海底捞被称为中国服务业标杆，围绕它的精致服务有各种传说。海底捞所处的产业一点都不酷。经营火锅店既不是资源垄断行业，更不是高科技行业，自己在家都能涮。它的商业模式并不独特，就是一锅一锅地卖、一家店一家店地开。海底捞员工主体是"80后"或"90后"，他们大多家境不好、读书不多、背井离乡、心理自卑，为何能主动、愉悦地为客人服务？张勇如何调动员工的工作积极性呢？特别简单，就是"以心换心"，自己把员工当"人"看，员工就会把顾客当"人"来服务。

2021 年 6 月，海底捞扩张疲软，持续数月呈大额亏损，市值蒸发超过 2400 亿港元，各种批评纷至沓来。但是 6 月 24 日，张勇在股东周年大会上的问答摘要刷爆了朋友圈，圈粉无数。他回答了"什么样的管理者能够洞察人性"这个问题："洞察人性很难讲，比如消费者说海底捞不好吃，其实可能是嫌价格贵。我老婆说我回家晚，可能是我对她关心不够。如果我认同我老婆的话，每天都在家待着，我相信她会更讨厌我。我认为领导必须洞察人性，如果做不到这一点，就很难做好领导。"

这些话从张勇口中说出来，朴实而又生动，换另一个 CEO 如此说，恐怕市值会跌到底。张勇身上有天然的知行合一光芒，能够"致良知"，激发别人以善的一面来看待他和海底捞所遇到的困境。

关于心学的研究汗牛充栋，我并非专业学者，珠玉在前，不敢作妄语。本书回归"知行合一"的实用性，探讨平凡人获得知行力的路径。

构建核心认知拼图

我们对那些具备判断力的人，经常会评价他：某某有主见。所谓主见，就是核心认知拼图。只有具备了知行力，才能构建起自己的核心认知拼图。

德国物理学家普朗克的成就并不亚于爱因斯坦，获得 1918 年诺贝尔物理学奖之后，他每天奔波于各个学校和社交场合进行演讲。讲了一段时间后，连给他开车的司机对他演讲的内容也烂熟于心了。于是，司机对他说："教授呀，你每次都讲一样的内容，我都听熟了。这样吧，下次到慕尼黑演讲，我替你讲。"

普朗克觉得这个提议很有趣："好啊，那就你来讲。"

到了慕尼黑，普朗克穿着司机的衣服，坐在台下。司机上台，对着一群之前没见过面的物理学家，洋洋洒洒地讲了一番，而且讲得和普朗克之前的都一样，完整且系统。

讲完之后，意外发生了，一位教授举手提问："先生，我请教一个问题……"然后问了一个非常专业的问题。

听完问题，司机笑了："这个问题，太小儿科了。这样吧，我让我的司机回答一下。"然后指向了普朗克……

世界上有两种知识：一种是对知识的司机式表演；另一种是真正的普朗克式知识。虽然司机能够像普朗克一样很流畅地表达，甚至比普朗克讲得还好，但普朗克才具备真正的知行力。因为司机的知识不是自己的，一旦和外界发生碰撞，知和行就分离了。

另一个故事离我们比较近，发生在海尔创始人张瑞敏身上。2021年11月，72岁的张瑞敏辞去董事会主席等职务，完成了海尔集团领导班子的交接。张瑞敏是中国企业家中的一个独特存在。多数企业家都是从商场实战中一刀一枪搏出来的身家，不太相信坐而论道。尽管也会去各种EMBA班进修，但除了社交，往往只吸取学院派中最具功利性的落地方案。张瑞敏不一样，他与国内其他企业家公开交往的记录不多，不混圈子，不参加论坛，却特别喜欢与一流的经济学家、商学院教授交流。

他的阅读量超越常人，平均一周要读两本书以上。2019年9月，我旁听了他在上海的一次演讲。在40多分钟的演讲中，他引用了《汉谟拉比法典》、老子的《道德经》、柏拉图的《理想国》、古希腊哲学家德谟克利特的原子论、莎士比亚戏剧、熊彼特与德鲁克关于企业家精神的论述、迈克尔·波特的"价值链理论"、塔勒布的《非对称风险》、霍姆斯特朗契约理论、丹娜·左哈尔的量子管理等。

张瑞敏吸收了古今中外海量思想精髓，并将它们融会贯通，建立了自己的"元思维"。事实上，海尔的组织变革也是受他的哲学驱动的。

普朗克和张瑞敏有一个共同特征，即知识都是"自己的"。他们完成了知识的内化，建立了核心认知拼图。知行力不再是一些分离、独立、不相关的知识点集合，更是由不同知识点相互交织、相互连接起来的体系。你可以把这些知识点集合想象成一幅拼图，其中每一块拼板都是一个知识点，这些知识点环环相扣、拼接在一起，每一块拼板也都咬合在一起。

美国作家理查德·德威特（Richard Dewitt）在《世界观》一书中，探讨了科学的起源与思想的本质。他用实例说明了亚里士多德的不同观点是如何形成拼图的。

亚里士多德认为"地球位于宇宙中心"，这个观点与"土元素有一种向宇宙中心的天然趋势"的观点紧密相连。他认为地球主要由土元素组成。同样，这又与"土元素有一种向宇宙中心运动的天然趋势"相关联。他还认为，月亮、其他行星和太阳都绕地运行，大约每 24 小时运行一圈。

这些观点，在今天每一条都被证明是错误的。但是，如果结合这些观点产生的时代背景，它们并不幼稚，每一条都有足够的论据，而且构成了一个严密的体系。

核心认知拼图的要点在于，它与外围拼板不一样。如果你玩过拼图游戏，就会有一个体会：一块位于中心位置的核心拼板不能用另一块拼板替换，否则可能需要替换几乎整个拼图。应该先拼核心板块，再拼外围板块，如果反过来，只要拼错一块，就要从头再来。搭建好了的核心认知拼图，外围的板块都是嵌入核心拼图的，可以方便地撤换、拼接。

高手都有稳定的核心认知拼图

无论好坏，一个人已经形成的核心认知拼图是很难改变的。每个人的核心认知拼图也不一样，这外显为他们遇到同样的问题或掌握了同样的资源时，会采用不同的行为模式。《西游记》里，师徒四人的核心认知拼图差异就很大。因此，唐僧被妖精抓走后，猪八戒想到的是分行李，沙僧就会哭，只有孙悟空会想办法解救唐僧。《水浒传》中，鲁智深和林冲的核心认知拼图也不一样。因此，林冲的妻子被高衙内欺负后，鲁智深会想去打死高衙内，林冲则认为忍一时风平浪静。

核心认知拼图不是性格，更像一种思维模型。它是对这个复杂世界的一种简化和优化。每个人都不是一次塑造成型的，核心认知拼图也要逐渐打磨出来。我们阅读的目标，就是建立起正向的、开放的核心认知拼图。

高手与普通人之间的差距，往往来自核心认知拼图，而不是外部呈现的能力。普朗克的核心认知拼图与司机的不一样，司机只是掌握了普朗克核心认知拼图的一些外围拼板。张瑞敏有稳定的核心认知拼图，因此能自由地融会各种外部知识，"我注六经"而非"六经注我"。

知行力能够帮助一个人完成自己的核心认知拼图。王阳明在晚年悟出了致良知之道。他感觉自己就像在暴风雨中掌舵一叶小舟一样，虽然依然会遭遇狂风大浪，但舵柄在手，船就不会倾覆。换句话说，他的核心认知拼图完整了，再也不怕大风大浪。

稳定的核心认知拼图，可以通过知与行的循环形成。在这方面，投资家查理·芒格（Charlie Munger）树立了一个样板。芒格的弟子、喜马拉雅资本创始人李录认为，芒格与近代很多一流的专家、学者不同。他们只能在自己狭小的研究领域做到相对客观，一旦离开自己熟悉的领域，就开始变得主观、教条、僵化或者干脆失去了自我学习的能力，难免陷入盲人摸象的局面。芒格则从来没有囿于任何学科的条条框框。他的思维辐射到事业、人生、知识的每一个角落。在他看来，宇宙万物都是一个相互作用的整体，人类所有知识都是对这一整体研究的部分尝试。只有把这些知识结合起来并贯穿于一个思想框架，才能对正确的认知与决策起到扶助作用。因此，他提倡学习所有学科中真正重要的理论，在此基础上形成多元思维，并以此为钥匙去研究商业投资领域的重要问题。

他认为，心理学几乎支撑了所有理论，并影响和塑造了人类的决策。他在著名演讲"人类误判心理学"中列出了人类错误判断标准的 25 个原因。这些内容是值得反复阅读的思想宝库。

芒格的知行力体现在，他通过逻辑、本能与直觉，决定了最具前景的投资步伐。很多人甚至因此产生幻觉，觉得这种洞察可以轻易得来。但这种简单，其实来之不易，那是芒格毕生钻研人类行为模式、商业系统和许多其他学科的产物。换句话说，他将自己与前人的知与行"合一"了。

例如，"反着想"就是芒格核心认知拼图中非常重要的一块。他一生都在研究人类的灾难性错误，对于人类由于心理倾向引起的灾难性错误情有独钟。他对人性的弱点有着深刻的理解，对认知错乱心怀警惕。他相信人类的感知器官有时会短路，大脑神经线路并非总是畅通无阻，也不拥有无穷多的线路。

基于这种"反着想"的模型，芒格规避了投资中的大量陷阱，而类似的拼图模块，芒格有上百个。

核心认知拼图的作用

我在举办读书会的过程中，经常听到有人抱怨：读书好像也没什么用。这样说的人都是因为在知与行之间遇到了阻碍，其实不是读书无用，是读书的人未得其用。

高手之间的学习系统都是相通的。2015 年，硅谷"钢铁侠"埃隆·马斯克（Elon Musk）来到中国，时任清华大学经济管理学院院长的钱颖一采访了他。当钱颖一问道："造火箭如此高精端，但你几乎自学成才，你是如何做到的呢？"马斯克一笑，说道："我就是读了很多书而已。"

这有点令人不可思议，通过读书，居然能学会造火箭。自青少年时代起，马斯克就每天阅读不同学科的 2 本书，假设普通人的阅读量是每个月 2 本，那么马斯克的阅读量就是普通人的 30 倍。他和芒格一样，阅读范围很广泛，包括科幻、哲学、宗教、编程，以及科学家、工程师和企业家的传记，后来还扩展到物理学、工程学、产品设计、商业、科技和能源等领域。

马斯克把知识看作一棵树——在进入叶子细节之前，要确保自己理解基本原理，即主干和大分支，否则枝叶就没有基础作为支撑。建立了主干之后，其他知识就像枝叶一样，可以挂在上面。

与芒格一样，马斯克拥有一致性与稳定性的核心认知拼图，也都是知行合一的典范，得以自由跨越不同领域——知行合一并非东方哲学专属。马斯克先后进入并颠覆了新能源汽车、卫星发射、脑机科学、超级高铁、生命科学等领域。芒格的生态投资分析框架，则借用并完美糅合了来自传统学科的分析工具、方法与公式，这些学科包括历史学、心理学、生理学、数学、工程学、生物学、物理学、化学、统计学、经济学等。

　　他们是如何构建核心认知拼图的呢？从表面上看，都是通过阅读。芒格与其合伙人巴菲特都是超级阅读者。芒格手里只要有一本书，就不会浪费时间。他随时随身携带一本书，即使坐在经济舱的中间座位，只要他手里有书，就能乐在其中。巴菲特则把80%的时间花在阅读和思考上。他每天会按时起床，绝大多数的时光都是独自一人在书房或者办公室里静静地度过。他还会花大量的时间阅读各种新闻、财报和图书。他的办公室至今没有计算机、智能手机，只有身后书架上的图书和一桌子摊开的报纸。

　　也有很多人在阅读上投入的时间和精力，并不比马斯克、芒格和巴菲特少，可终其一生，却只不过是"两脚书柜"。仅靠勤奋的阅读，并不足以令一个人养成知行力，进而建立核心拼图。

知行力的"牛鼻子"

　　要想掌握知行力，建立核心认知拼图，需要抓住一个"牛鼻子"：知与行没有一刻是分离的。这也是本书的核心。

　　大家可以试着回答一个问题："读、讲、写，哪个才算是学习？"很多人会回答："读"。因为读看起来是输入，是知，而讲和写更像输出，是行。如果这样回答，就把知与行分离了。其实输入与输出都是学习，读、讲、写必须一元化训练才有效果。

　　每周五下午两点，是我们公司内容部门固定的培训时间。同事们需要提前做如下准备：摘录一周内读到的八个金句或者专业知识点，再写下自己对每一条的解读，然后与大家分享。例如，关注数字化转型的同事要在会上向大家讲清楚各种云服务的不同；关注金融的同事要讲清楚什么是看跌期权和做空。"讲清楚"的标准，就是连公司的保洁员都能听懂。每位同事讲完之后，我会对听众就其中的知识点进行提问，以检验讲的是否清楚，听的是否明白。

这个做法我已沿用了 10 年，不仅自己受益良多，还培训出大量卓越的内容生产者。它的适用范围不仅包括从事文字工作的人，还包括职场白领或高级管理者。对他们来说，这个方法也是提高综合沟通能力的利器。培训方式看似简单，其实隐藏着培养学习"元能力"的密码，即读、讲、写一体化训练，收集资料是读，摘录评论是写，分享给他人是讲，同时完成了三项练习。

那些真正的阅读高手、讲话高手、写作高手，大部分人的读、讲、写一体化综合能力都比较强。读、讲、写是一种古老的认知性、社会性和文化性活动。我国古代的士大夫文明，体现的就是一个如何提高自我修养、自我超越的过程，而士大夫的价值载体就是科举制度，通过科举改变阶层，经世致用，那些读、讲、写综合能力突出的人，更容易拔得头筹。以宋代为例，司马光、王安石、苏轼等不仅在文坛上建树颇多，也都口才极佳。

21 世纪的新一代文化人更是如此。不管是"初代知识网红"罗振宇、吴晓波、樊登，还是最近的一些知识新顶流等，无一例外，他们读、讲、写的能力都很全面。

从表面上看，有的人成名是由写而讲，有的人是由读而写，有的人是由讲而写。但仔细分析其路径，读、讲、写的能力都不可分割地贯穿于每一个环节。以吴晓波老师为例，其最早的身份是财经作家，从 2001 年开始，先后出版了《大败局》《激荡三十年》《跌宕一百年》等财经畅销书。进入新媒体时代，他创建了"吴晓波频道"，从此开始不断拓展边界，相继推出了一系列以个人品牌为核心的产品。

虽然他们也会遇到各种批评的声音，但都有自己稳固的核心认知拼图，也参与了这个时代的文化塑造，影响了数以千万计的人获取新知，同时完成了财富与声望的积累。反过来看，如果把读、讲、写的能力从身上抽离，他们也就泯然众人矣。对多数人而言，读、讲、写的能力是与生俱来的，凭借对这种能力的强化，完全靠自己的智慧获得成功，是令人振奋的案例。

读、讲、写的一元化，就是知与行不可分离的一个例证。

通过深度思考打通知与行

具备知行力的人，能从最普通的知中获得行的启发，也能从行中升华对知的理解。

2021 年 9 月，国内最大的母婴童连锁零售企业孩子王上市之前，我和其创始人、五星控股董事长汪建国有一个深入的交流。汪建国特别善于从那些最寻常的故事中领悟不同寻常的意义。

他讲了两个故事，第一个故事是如何捉猴子。我们都听过类似的版本。要想捉到一只活蹦乱跳的猴子，有一个好方法：在一个细口的瓶子或开了小洞的椰子里放一颗枣，猴子看到了，把手伸进去拿枣，这时抓着枣的手就会被卡住。其实只要它松开手，就能够退出来，但它就是不愿意松开。

汪建国讲这个故事的背景是在 2009 年左右。当时五星电器已经创立，并已发展为国内最大的家电连锁企业之一。汪建国有一个将五星电器出售给美国百思买的机会，但他内心非常痛苦。第二天就要签字了，他站在酒店窗口看黄浦江，整整看了 6 小时，他自己都不知道站了这么久。他向我诉说内心的矛盾，当时的五星电器就像他的小孩一样，好不容易养大，但他心里也知道那时出售它又是最好的时机。

彼时他想到了 2008 年在新加坡国立大学读 EMBA 时，老师吕鸿德讲过的捉猴子的故事。只要放手，手就能出来，可猴子就是不愿意放弃。人比猴子聪明，但也不比猴子好多少，一般情况下，抓住的东西不会放弃，明明旁边有苹果、香蕉，但抓了颗枣就不愿意放弃。

故事讲到这里还是老套路，但是他将另一个常见的概念嫁接在了一起，即"瓶颈"。他认为这就叫瓶颈，放弃才是获得的前提，只有松手，才能拿到苹果和香蕉。这个故事对他的决策大有裨益。当局者迷，多年后回过头来看，如果当时不出售五星电器，他就无法获得充裕的现金流，也就无法成立五星控股、孩子王，也就无法实现其他更大的布局。

由这个故事，他想到大家经常说"发展遇到瓶颈"，其实瓶颈不是瓶子给你的，而是自己的手被限制了。只要手松开了，瓶颈也就不存在了。

他又继续延伸，突破瓶颈到底取决于手还是心，表面上是手，实际上是心。心不愿意放，手就不愿意放；心想明白了，手就放开了。

他又讲了一个挖坑和挖井的故事，这也是我们熟知的。两个人挖井，一个人往下挖了 50 米还看不见水源，他会继续挖下去，哪怕挖到 1000 米，也要挖到看见水源为止。另一个人挖了 50 米没挖到水源，他会换个地方重新挖。挖了 50 米之后，遇到不好挖的硬石层，他会毫不犹豫地换个地方挖。最后水没挖到，留下一大堆坑。

做生意好比挖井，资源有限，如果井挖得不够深，水还在底下，挖的就是坑。

解读到这里，也没有什么深意，他就进一步剖析。做企业还是要聚焦目标顾客，把目标市场做深、做透，而不是说看到什么挣钱就做什么，这就是战略定力。风口改了，赶快调整方向，就是挖坑，实际上等于没有战略，没有定力。

看上去挖了很多东西，挖的时候可能也有水，那是因为大潮来了；一旦退潮，没有水了，就变成了坑。挖井和挖坑的区别在于你挖的井比旁边的井要深，在某个细分市场一定要做得比其他人深入。

和原来故事不同的是，他并没有简单地否认挖坑的价值，井和坑是相对的。接下来，他联系自己的经历：在母婴童领域，孩子王要努力成为头部企业，一定要真正引领行业变革与创造。他从 2009 年创立孩子王，现在的孩子王是第 9 代店了。从大店模式、顾客经营到单客经济，许许多多新尝试都是在挖井，创业就是要把井挖得足够深，从单点突破，在发展中解决问题。

他对井和坑的理解超出了很多人的体悟：旁边的井水少了，你的井就变成了坑。有的井本来不是坑，不一定浅，也挖得很深，但没有你的井深，也变成了坑。最终，有坑必须填，因为你前面付出了巨大的代价，这个坑填不完，你就无法去新的地方挖井。

以上是他从创业者的角度进行的解读，他的另一个角色是投资人，因此他又站在投资人的角度解读这个故事：对投资人来说，一个特别重要的判断，是要甄别那些真心实意挖井的人，避免投资那些做出挖井的姿态实际在挖坑的人。

你看，这两个我们都听了上百次、了无新意的故事，在汪建国口中就变成了微型商学院课程。

从汪建国身上我们可以看到，要想打通知和行，就要不怕辛苦地进行深度思考，边思考边实践，然后用获得的成果丰富自己的核心认知拼图。

知行力公式

本书就是我实修知行力的产物。知行力看起来略为缥缈，为了让其真实可见，我将它分为了三大板块，每个板块又拆解为三种力。

上篇的关键词是"一元"，即通过读、讲、写一元化的能力，由知到行。它由读书笔记法的"提纯力"、拆书成课的"拆解力"和降低输入与输出难度的"简化力"构成。

中篇的关键词是"故事"，即通过讲故事的能力，由行到知，将所看、所听、所想，全部的行为转化为容易吸收的知识，再用故事来触发新的行动。它由直指人心的"共鸣力"、抽丝剥茧的"结构力"和固化知识的"结晶力"组成。

下篇的关键词是"复盘"，即通过自我省察与组织复盘，知行合一，最终达到"致良知"的层面，完成知行力闭环。它由随时随地复盘的"自省力"、高颗粒度还原真实的"提问力"和知与行循环上升的"螺旋力"组成。

《传习录》所载，一友问："读书不记得如何？"先生曰："只要晓得，如何要记得？要晓得已是落第二义了。只要明得自家本体。若徒要记得，便不晓得；若徒要晓得，便明不得自家的本体。"（朋友问，书读完了后记不住，怎么办？王阳明认为，读书有三个阶段：第一阶段为"记得"；第二阶段为"晓得"；第三阶段为"明得自家本体"。）

王阳明自幼聪慧过人，青少年时代迷恋兵法，怀抱经略之志，研读《六韬》《三略》等兵书，能够熟读于心，还经常把小伙伴聚在一起，自己扮演大将，并且制作了各种旗子，指挥大家排兵布阵。到了 26 岁，他遍寻兵法秘录，还常用果核向客人演示排兵布阵，这是第一阶段"记得"，但已有行的自觉。

28 岁时，他上书著名的"边务八策"，有"蓄材以备急、舍短以用长、简师以省费、屯田以足食、行法以振威、敷恩以激怒、捐小以全大、严守以乘弊"等卓越见识，这就进入了"晓得"阶段，把书读通透了。

中年之后，他巧用兵法，以数月就平定几十年的乱局。后来《明史》评价：明代文臣用兵制胜的，王阳明应该排第一。这就是"明得自家本体"。本体，是认知生命的本原或本质，通过读书，能够昌明本体，就能够分辨善恶、感知外物，能够在需要抉择时做出正确的判断、推理，虽然书生带兵，却战无不胜。

上篇"一元"，重点在"记得"，中篇"故事"，更重"晓得"，下篇"复盘"，就是"明得自家本体"了。

由此我们可以得出一个知行力公式。

知行力＝（提纯力＋拆解力＋简化力）×（共鸣力＋结构力＋结晶力）×（自省力＋提问力＋螺旋力）

本章核心内容

1. 知行力要解决的问题：让知识变成力量，让力量反哺知识，在循环中获得终身成长，是在不确定时代增强自身确定性的心法和工具。

2. 知行合一与"理论联系实践"不同，前者讲的知、行是同一个功夫，知即是行，行即是知。理论联系实践将知与行分离了。我们已知的关于现象世界的全部知识，无一例外地来自现实生活实践。知的过程，就是实践的过程，"理论"与"实践"在过程性上全然相统一。

3. 知行力不仅是一些分离、独立、不相关的知识点集合，更是由不同知识点相互交织、相互连接起来的体系。你可以把这些知识点集合想象成一幅拼图，其中每一块拼板都是一个知识点，这些知识点环环相扣、拼接在一起，每一块拼板也都咬合在一起。

4. 高手与普通人之间的差距在于核心认知拼图，而不是外部呈现的能力。

5. 具备知行力的人，能从最普通的知中获得行的启发，也能从行中升华对知的理解。

思　读　讲

悟　省　写

学　问　行

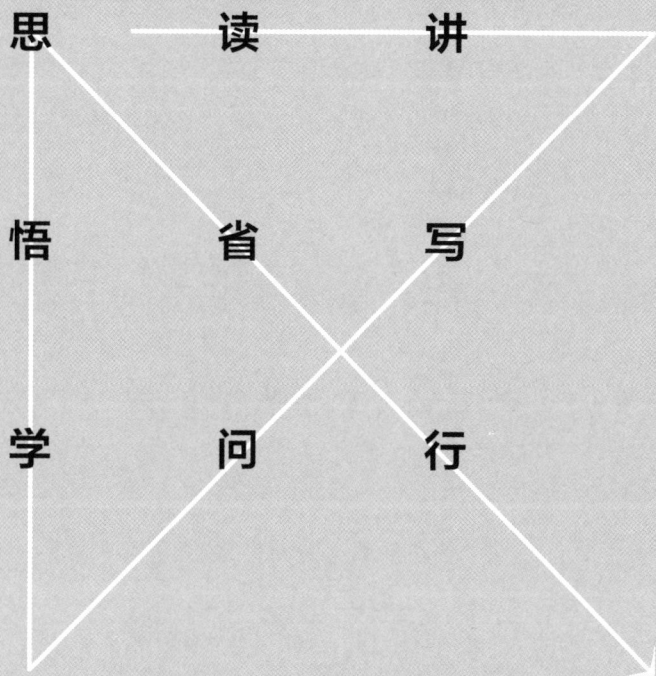

一元
由知而行

　　由知而行，才是真知，知而不行，只是未知，一定要"事上磨"，要落实到身心上受用。本篇三章结合现代人的学习环境的变化，提出了"由知而行"的一条路径，即"读、讲、写一元化训练"，将读、讲、写视为一体。"读、讲、写"既是知，也是行，既是输入，也是输出。一个人具备了这三种能力，就拥有了由知到行的学习能力。

本篇探讨如何"由知而行"。

王阳明龙场悟道后，有一位地方官员常去听他的心学讲座，每每听到忘情处，不禁眉飞色舞。过了一个多月，官员深感遗憾："您讲得太好了，可惜我身为官员，政事缠身，不能抽出太多的时间学习，不如我辞官来追随您专门修行心学。"

王阳明答道："如果你放弃了工作，就是连心学也放弃了。"

官员吃惊地问道："我愚昧得很，难道您让我一边工作一边温习您的学说吗？"

王阳明告诉他："心学不是悬空的。你要断案，就从断案这件事上学习心学。当你判案时，要有一颗无善无恶的心，不能因为对方的无礼而恼怒；不能因为对方言语婉转而高兴；不能因为厌恶对方请托而存心整治他；不能因为同情对方的哀求而屈意宽容他；不能因为自己的事务烦冗而随意草率结案。如果抛开事务去修行，反而处处落空，得不到知行合一的真谛。"

这位官员恍然大悟而去。

王阳明强调，知而不行，只是未知，因此一定要"事上磨"，要落实到身心上受用，"做功夫，乃有益，若只好静，遇事便乱，终无长进"。换而言之，知与行并无片刻分离，"由知而行"，行就在知中。

这也是"读、讲、写一元化"对知行力的意义所在：会阅读，在头脑里存储足够多的材料，才能会说话；会说话，才能会写作；做笔记或写作时会查阅资料，阅读才能更有效；说话有足够清晰的逻辑，才能读得好、写得好。

专注于阅读，并不意味着减少对写作或演讲的关注，因为更专注、有的放矢地阅读是写作和演讲材料的主要来源；集中精力于写作，也不意味着必须停止阅读或演讲，阅读和演讲会让写作思路更清晰。同理，好的演讲得益于大量阅读的素材获取及写作的内容提炼。

第一章

提纯力：三环套月笔记法

本章主要讲述如何通过做笔记提高"读、讲、写一元化"能力。做笔记是对知识的提纯。提纯与提炼干货不同，我不太认同"干货"这一说法，干货是风干后的知识，虽能饱腹，却损失了口味和营养，因此提纯不以"干"或"湿"为选择标准。

为什么要做笔记

灯塔知行社第一期的社友孙小平有个烦恼。他知道做笔记很重要，因此学习了各种做笔记的方法，囤积了几百个各种款式的笔记本，但他发现投入了大量的时间和资金后，笔记没有变成知识，而且难以坚持做笔记，这一点怎么破呢？

其实孙小平不是个例，大多数人要么不愿意做笔记，要么太愿意做笔记，却忘了做笔记的初衷。

在阅读过程中做笔记，是天然的读、讲、写一体化训练方式。所谓"好记性不如烂笔头"，这既是一句俗语，也是一个真理。多年来，我养成了不动笔就不读书的习惯，阅读中所形成的笔记，会源源不断地成为写作与演讲的材料。

德国学者申克·阿伦斯在《卡片笔记写作法》中谈道："每个人都离不开写作。……这里所说的写作，不一定是指写论文、写文章或写书，也包括日常基本的写作或记录。当需要记住些什么时，无论是一个想法、一句话，还是一项研究成果，我们往往都需要写下来，还会借助写来组织自己的思想，或者与他人交流。……我们不但要写下那些我们担心忘记的东西，还要写下那些我们试图记住的东西，每一点脑力耕耘都是从一条笔记开始的。"①

这揭示了做笔记的意义，它不仅是记录，还是提纯与模块化，更是我们外挂的大脑。很多教授演讲和写作的书，都是教大家从空白的屏幕或一张白纸开始，而忽略了做笔记。实际上，如果硬要从大脑里挤压灵感，而不是求助于外挂的大脑，那么只能说这是人为地割裂了输出与输入。

关于如何做笔记，有各种方法，如康奈尔笔记法（即 5R 笔记法）、思维导图笔记法、标签笔记法、卢曼卡片盒笔记法、奥野宣之的一元化笔记法等，还有各种笔记软件，它们的高级版功能往往价格不菲，如印象笔记、有道云笔记、GoodNotes、Notability、Microsoft OneNote、幕布等。可是，看起来花里胡哨的方法和工具，都不能替代"动手开始记"的行动和"坚持记下去"的决心。

从初中开始，我就养成了在课外阅读时做笔记的习惯，主要因为母亲当年在档案局工作，经常给我带回一些废旧的硬纸小卡片，我完全是被工具吸引开始走上做笔记之路的。截至目前，我做的笔记超过 400 多万字，并摸索出一种专门适用于读、讲、写一体化训练的"三环套月笔记法"。

---

① ［德］申克·阿伦斯. 卡片笔记写作法：如何实现从阅读到写作[M]. 陈琳，译. 北京：人民邮电出版社. 2021：29.

做笔记时在记什么

做笔记时，你在记什么？

只有善于做笔记的人，才能充分享受知识的复利。做笔记看起来简单，不过是拿起笔来就写，其实不然。如果使用不当，它不但难以成为学习工具，反而会成为学习负担。我们不用把任何工具的使用方法发展成一门学问，所有工具的应用都只有一个目的：提取、记录和存储有价值的内容，并把它变成自己的知识。

体验过所有主流笔记法之后，我有一个体会，不管操作看起来何等复杂，笔记法的核心都在于对空间与时间的运用。空间是指页面分区与笔记的载体，时间是指在不同的阅读阶段的记录动作。

例如康奈尔笔记系统，从空间上分为笔记区、提示栏和概要区（见图1-1）。笔记区，即右上方平时做笔记的地方，知识点与例题都可以记在此处；提示栏，即左边竖着的一条空间，用来归纳右边的内容，记录提纲和要点；概要区，即下面横着的一栏，用来做总结，用一两句话总结这页记录的内容，以此起到促进思考消化的作用，这也是笔记内容的极度浓缩与升华。

从时间上，它又被称为5R笔记法，是因为它包括5个动作：记录（record）、简化（reduce）、背诵（recite）、思考（reflect）和复习（review）。这5个动作要在3个分区内不同的时间阶段完成。例如提示栏，在课程结束，完成笔记区任务后马上回顾。背诵时，可以把笔记区遮住，只用提示栏中的摘要提示，尽量完整地叙述课堂上讲过的内容。

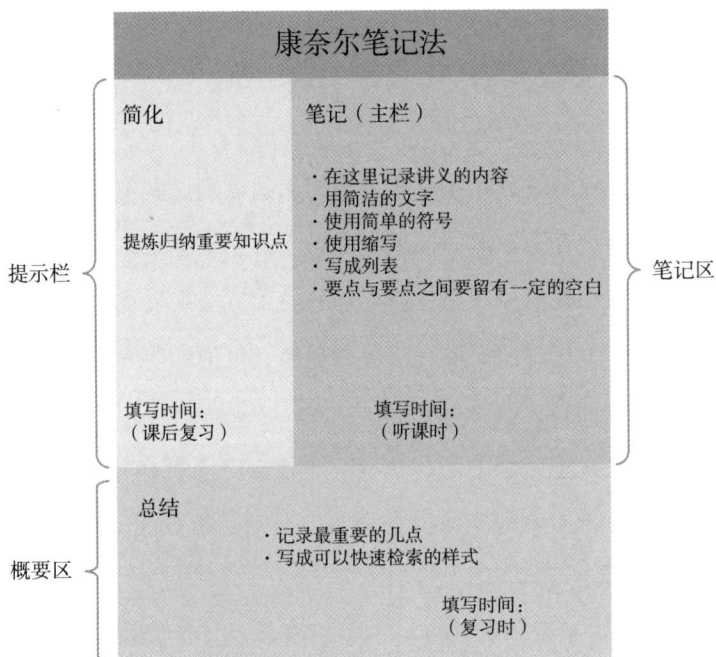

图 1-1 康奈尔笔记法示意图

再如美国教育心理学家弗朗西斯·罗宾逊（Francis Robinson）提出的 SQ3R 阅读法。SQ3R 阅读法从时间上分为 5 步，即浏览（survey）、提问（question）、阅读（read）、回想（recall）和复习（review）。其中，第二步"提问"时，要问自己"文章的重点是什么"，把标题变成一个问题，写在笔记本上；第三步"阅读"时，先不做笔记，带着刚刚写的问题，集中精力阅读文章，在原文关键处做记号；第四步"回想"时，重读之前做记号的部分，记录空间又回到笔记本，记录重点、概念、观点等。

不要被笔记绑架

一些培训机构会过分强调某一种笔记法的重要性，并将之变成了一门课。有的学习者沉迷于找到"完美"的工具，开始动手记录。实际上，这些都违背了知行力的原则，工具反而成为枷锁。

我大学刚毕业时就犯过这样的错误，初入职场，学习动力十足。我用了不同的方法做笔记，但没有一种方法能坚持一个月，反而把自己搞得头昏脑涨。另外，我还是个"设备派"，看到一款设计新颖的笔记本就买下来，写不了几页，就又换了一本。

当时莫尔斯金笔记本（Moleskine）非常流行，按照它所描述的故事，梵高、海明威等都是其忠实用户。它制造了一种错觉，如果你用同样的笔记本，也能迸发诸多灵感。于是，我收集了各种款式的莫尔斯金笔记本，挑选它们的时间远远长于用在做笔记上的时间。还有一款笔记本，在纸上的笔记可以同步到手机 App 上，我高价买来后花了一个下午的时间研究它，最后发现它根本没有直接在 iPad 上用手指更方便。与此同时，我几乎订购了线上主流笔记软件的高级版，那些功能看起来令人觉得收获感十足，其实最常用的永远是最常规的几个。

这种"贪婪"造成的结果是，做了大量笔记，却迷失在自己种下的文字森林里，疲惫不堪，既找不到猎物，也找不到出口，只是享受了记录的过程。有了这段经历，我才领悟到，笔记工具无所谓优劣，也不取决于工具本身的功能有多么丰富，而是取决于场景与需求，如康奈尔笔记法更适合做课堂记录，SQ3R 阅读法则适合写论文。

实际上，我们只要找到一种可以快速启动、便于检索，又不用花费毅力坚持的笔记方法就够了。很多人并没有意识到最后一点，毅力一直被视为美德，从表面上看，学习是一件特别需要毅力的事，但是毅力也是宝贵的资源，如果能够用更轻松、有趣的方式完成学习，就没有必要浪费资源。

在众多笔记法中，一元化笔记法与卢曼卡片盒笔记法实用性较强。它们的共同特点是简单易行、方便坚持，而且不用把各种想法分开存放。

一元化笔记法的创立者是日本作家奥野宣之，他建议把所有内容都记在一个笔记本上，用同一本笔记管理所有信息，记完一本再记一本，不设分册。在这个笔记本里，不仅可以写读书笔记，还可以记下日常生活里所有在大脑中一闪而过的内容。我们可以把随笔、剪报和读书笔记等不分种类地记录其中。奥野宣之认为，很难明确地区分"读书相关"与"其他内容"，倒不如在一本写什么都可以的笔记本里，增加关于读书的记录。

这种方式操作起来非常简单，既为充分利用信息提供了条件，又消除了做笔记的压力，更有利于把做读书笔记坚持下去。我们可能都有这样的体验，如果同时使用三四个钱包，不管多么认真整理，也有可能会想不起哪个钱包里放着医保卡。相反，如果只有一个钱包，即使完全不去整理，把收据、会员卡、医保卡等全都塞进去，只要把钱包里的东西倒在桌子上，一样一样地查看，就一定能找到医保卡。

卢曼卡片盒笔记法是德国社会学家尼科拉斯·卢曼（Niklas Luhmann）采用的笔记系统。在该系统的助力下，他不仅完成了宏大理论《社会的社会》，还写了近60本书。卢曼卡片盒笔记法比一元化笔记法的优秀之处在于，越积累越有价值，而不是越积累越乱，越令人困惑。通过卡片之间的连接，我们可以将系统中的任何想法联结起来，并在一组主索引卡中总结这些概念。通过整理卡片，我们有时就能直接完成一篇文章。

它把笔记分成以下三类。

- 闪念笔记。这类笔记只是对收集信息起提醒作用，可以用任何一种方式来写。比如，你突然看到一个教育孩子的好办法，赶紧记下来，最后把它扔进垃圾桶也行。

- 永久笔记。顾名思义，就是记下那些必要的信息，并且永远不会扔掉它。永久笔记有上下文、索引，有来自哪本书，不但包含原文，还有自己的思考。其中一些笔记，会成为各种想法和思路的连接点，并在各种情境中经常出现。

- 项目笔记。它与特定的某一项目有关。例如，你要运营一个"读讲写"训练营，就要把与"读讲写"相关的内容保存在相关的文件内，项目结束后就可以丢掉或存档。

一元化笔记法和卢曼卡片盒笔记法都具有"读、讲、写一元化"的思维。结合这些优秀笔记法的优势与自己的实践，我采用了一种三环套月笔记法。这一方法曾帮助灯塔知行社数万社友快速、有效地提高了读、讲、写的能力。

三环套月中的三环，即案例、金句与知识点，这三环是演讲和写作必备的素材，而"月"就是应用。

从个人体验中萃取案例

三环套月笔记法跳出了原书或文章的逻辑架构，先看案例。案例是构成演讲与写作的原材料，如果我们用枯燥来形容一个人的表达，往往因为他的案例不足或不恰当。

案例来源不一定是外部资料，也可以是个人体验。我们需要养成从个人经验中提炼笔记的习惯。这与写日记不同，记下的同时，你就要知道它不只是给自己看的，某一天有可能会展示给别人看。

我们可以记录内心深处恐惧或尴尬的时刻。这听起来有点难，其实任何值得一读的个人经历，都是直面耻辱并与心灵搏斗后的产物。那些自传类文学作品就以检视个人经历、提炼人生经验为核心。虽然揭开阴暗面通常会让人很不舒服，但有时我们不得不质询自己，并且要忍痛想起那些你伤害过以及伤害过你的人。如果你把这种案例视为一种对自己的告白与承认，那么通过做笔记，你就能找到一种新的方式去看待生命和生活。

在灯塔知行社的一次课堂互动中，题目是"在3分钟内讲一个与人生转折点有关的案例"。其中一位社友的案例令所有人动容：他读大学时，家庭条件不好，有一次实在没钱吃饭，就向同学借了200元，约好了一个月后还。但一个月后，他根本没有钱还。当时还没有手机转账，他就自导自演了一场戏，跑到学校门口的自动柜员机前转了一圈，然后告诉同学"钱已经转过去了"。

两小时后，他问同学："收到钱了吗？"同学看着他的眼睛说："收到了。"那一刻，他愣住了，他只是在自动柜员机前随便按了几个数，本来准备了一套设备故障之类的说辞，但没想到的是，同学主动帮他圆了这个谎。从此之后，他没有说过一句谎话。这件事就如同埋在心中的一根刺，直到那天作业展示，他当着数百人的面讲出这个故事。那一瞬间，他说自己终于释然了。所有听众都站起来为他鼓掌。

在这个世界上，没有什么本来就有趣的案例，也没有注定无聊的案例。如果你的案例能够唤起别人的沉思或反省，那么，即使只有几行字也具有超凡的吸引力。

你还可以回想历史性大事件发生的时候，自己正在做什么，把个人的案例融入历史之中。2008 年 5 月 12 日 14 时 28 分，汶川大地震发生了。第二天，我就出发去了成都，然后步行进入灾情最严重的映秀镇。一进入映秀镇，我就看到一片废墟上扔着各种颜色的书包，当时眼泪哗地一下就流了下来。于是，我把当时的所见所闻记录下来，这就是一个珍贵的碎片。

我们都说时代的一粒灰尘，落在个人头上就是一座山。你可以做一条个人的时间线，只记录 5 个对个人来说至关重要的历史性事件。我们总会遭遇这样的事件，如 2003 年的"非典"，2020 年开始的新冠肺炎疫情。世界一旦改变，就再也回不到从前，记下某一天的具体情形，尽可能多地运用记忆中的对话和感官描述，当你听到这个消息时，在哪里？和谁在一起？你可以写下所见、所闻、所触和所感，然后思考：那一天给你带来的影响；你如何看待自己，如何看待自己与他人的关系；生活的哪一方面发生了变化。

从阅读资料中发现案例

通过阅读，我们的案例收集能力可以不断提升。我在河北的一个农场长大，用一句话就可以形象、生动地描述我的童年生活：家门口有个两米多高的大土堆，我小时候最大的乐趣就是在土堆上爬上爬下。

对于一些我们从来没有去过的地方，只要阅读量足够大，其实也可以清楚地描绘出来。我们可以去莫言童年的高粱地、李碧华童年的小巷、阿城童年的琉璃厂，也可以抵达加缪童年里的阿尔及利亚、哈代童年里的英国田园。

在一流作家笔下所描述的某个地方待上几小时，你会改变自己对很多事情的理解。不管那里是巴黎、圣彼得堡还是巴格达，读到关于这些地方的描述，你不仅可以通过想象和这些地方的人在一起，还可以将这些景象变成你的素材。

你还可以从每天的新闻中找到灵感。值得作为"案例"的新闻，通常具备"反常"的特征。2021 年 4 月，15 头亚洲象北迁的命运成为国际焦点。它们本来居住在西双版纳州，结果一路向北，穿越大半个云南，跋涉了 500 多千米，穿过了人烟密集的村镇和城市，不但没有发生人象冲突，还受到了人类热情的款待。云南省出动了一支由数百人组成的工作队，既保护了大象，又将大象对民众生活和生产的影响降至最低。

你可以记下这样有明显认知反差的案例：一群大象进入城市，肯定是发生了什么。记下类似的案例，并不确定什么时候能用得到它，没关系，可以让它沉睡在那里。藏起来的案例就像存款一样，需要用时，自会派上用场。

当你读书、看新闻时，会意识到任何一个人物、事件都不是孤立存在的，现实世界变幻莫测、难以捉摸，我们所要描述的东西也和我们一样，有回忆、有历史，以及对未来命运的不确定感。

金句要有思想深度

一本书或一场演讲中的记忆点，除了那些生动的案例，就是金句。金句富有哲理感与美感，能够升华内容。当我们转述金句时，往往会给别人留下深刻的印象。金句是表达的翅膀，在不同领域，总有人被称为"金句王"，如娱乐圈的大张伟、医疗领域的张文宏教授等。当一个人的金句能被广为流传时，就具备了"破圈"的可能。

20 年前，互联网浪潮尚未席卷一切，曾有一类书特别流行，那就是"名人名言大全"。这些书集合了名言警句。许多名人确实是金句王，如奥斯卡·王尔德、弗朗西斯·培根等。还有一些流传下来的语录体名著，其实更像金句集合，如《论语》《道德经》《传习录》等。不过，金句的流传范围比名人名言更为广泛——它不一定是名人说的。

金句有这样三个特征：有思想深度、有美感，能引发共鸣。

首先，金句如同风干的牛肉，越嚼越有味道。这意味着金句不能太浅白，例如下面这句找不到出处的金句："当你在家里看见 1 只蟑螂，说明在暗处还有1000 只蟑螂。"如果把它换成"对风险要见微知著"，就没有了味道。

再如曾国藩的金句："盖士人读书，第一要有志，第二要有识，第三要有恒。有志则不甘为下流，有识则知学问无尽，不敢以一得自足，如河伯之观海，如井蛙之窥天，皆无识者也。有恒则断无不成之事。此三者缺一不可。"如果把它换成"人格三要素是有志气、有知识、有恒心"，意思没变，但韵味如同嚼蜡。

从这个角度看，如果一个句子看起来华丽，其实不耐嚼，就算不上金句。这样的句子虽然很美，但给人的感觉会空而假，无病呻吟。再如这句："有一种遗憾，叫错过；有一种缘分，叫重来。"类似的句子等于什么都没说。还有的句子故弄玄虚，即所谓的"不明觉厉"[①]，也算不上金句。影视剧中类似华而不实的台词有很多，比如："一个破碎的我，怎么帮助一个破碎的你……"

金句往往观点明确，是断言式的，脱离上下文也能独立存在，从逻辑上看，金句未必完全立得住，例如："人固有一死，或重于泰山，或轻于鸿毛。"[②]对于

---

① "虽不明，但觉厉"，网络流行词，简称"不明觉厉"，表示"虽然不明白你在说什么，但好像很厉害的样子。"出自周星驰的电影《食神》中的角色对白。引申词义用于吐槽对方过于深奥，不知所云，或作为伪装自己深藏不露的托词。——编者注

② 出自司马迁写给好友任安的《报任安书》。——编者注

这句话，你要是较真，会发现除了这两种极端情况，还有很多人的死亡处于中间状态。金句的特点就是描述极端，而且有不容置疑的气势。"你看到 1 只蟑螂时，暗处的蟑螂真的是 1000 只吗？为什么不会是 999 只或 1001 只？"如果有人如此对金句较真，大家大概不会觉得金句有问题，而是觉得较真的人有问题。

可以说，金句在思想性上追求的是先击中，再击穿。村上春树在《1973 年的弹子球》中写道："或多或少，任何人都已开始按自己的模式活着。别人的若与自己的差别太大，未免气恼；而若一模一样，又不由悲哀。如此而已。"看到这句话时，我们总有一种被击中的感觉，觉得特立独行或泯然众人都是一种悲哀；再向下接着思考，联想到自己的行为与处事如何才能得体，就是击穿。因此，击中靠的是句子本身，击穿靠的就是记录者的内心旁白。

金句要有美感

金句要有美感，如此才易于传播。它们通常富有韵律感，如尼采的名句："与恶龙缠斗过久，自身亦成为恶龙；凝视深渊过久，深渊将回以凝视。"这句话对仗工整，而且都是简约的小短句，有明显停顿，又通过某些词的重复增加了节奏感。

金句是提炼出来的句子，不仅有韵律美，还有整齐美、错落美、意象美等。判断一个句子是否属于值得摘录的金句，一个最简单的方法就是读出来，看看美感是否依然存在。

当然，还有一种类型的金句，其美不在于华丽，而在气势，看似质朴，却有力量美。这多见于企业家和政治家，如刘强东的金句："士气是打胜仗打出来的。"再如任正非谈危机意识的金句："老是挨打，就有危机意识了。"这些文字看起来文采一般，甚至可以说有些"土气"，却接地气且犀利。

我们记录金句，就是希望某一天会用到，因此尽量寻找那些传播性较强的句子。有些句子虽然也很美，朗朗上口，但适用范围较窄，也不用摘录。有些句子虽然是描写某一个体的，但可以推而广之，就值得记下来。例如美国作家斯蒂芬·金的小说《它》中，如此描写一位人物：他走路带风，仿佛一半世界是他的，而另一半世界和他格格不入。如果用来形容那些个性明显、既有很多人支持也有很多人讨厌的人，就可以套用类似句式。

金句要能引发共鸣

值得摘录的句子都有一个共同特点：能引发共鸣。有共鸣，人们才愿意传播。我们翻看父母的朋友圈会发现，他们最常发布的内容主题主要是养生、敬老等；创业的朋友，发布管理类、投融资类的内容比较多；人到中年还在职场奋斗的朋友，转发人生感悟类的内容就很多。因此，共鸣是有范围的。一个金句，必然能在某个群体中引发共鸣。

很多人在摘录金句时，会不经意间记下很多"鸡汤"。知识分子经常嘲笑"鸡汤"有毒，其实"鸡汤"已熬了千年依然畅销，核心原因是它最能激发共鸣。只是"鸡汤"也有高级与低级之分，古圣先贤流传下来的金句就是高级"鸡汤"。例如，翻开庄子的《南华经》，我们会发现那是一部高级"鸡汤"故事集。

在演讲与写作中，我们可以将金句用于结尾，这样能升华结尾的主题，给读者留下难忘的印象。金句放在结尾处，不仅可以起到对内容提炼与总结的作用，再次点题，还可以激发读者的情感。

在使用金句时，可以变形，以避免显得像陈词滥调，如"给纯金镀上金箔，替纯洁的百合花涂抹粉彩……"，这句话出自莎士比亚的《约翰王》，后来被很多人引用，但你完全可以对类似句子进行改编："给黄金镀金，给百合花上色，给紫罗兰洒香水，给冰块抛光，给彩虹添加一道色彩，实在是多此一举。"

获取知识点要放下执念

每个人的认知都在一条隧道中，很容易产生幻觉，以为在隧道里看到的一切就是世界的全部。要想看到更广阔的世界，就要不断地拓宽隧道，而拓宽隧道需要通过增加知识点做支撑物，并练成连点成面的功夫。如果说在表达中，案例是血肉，金句是肌肤，那么知识点就是筋骨。无血肉不鲜活，无肌肤难亲近，无筋骨则如同一摊软泥。在学生时代，我们阅读的目的主要是采集、归纳、记忆知识点，成年之后却往往忽略了这个硬核需求。对知识点的整理，要注意以下三点：首先，要放下执念，不能将自己的旧知识强行解释为新知识；其次，知识点只有纵向连接上下文、横向做比较后，才能形成网络；最后，专精不一定胜于广博。

一个人吸收新知识的最大障碍，就是自己的旧知识以及建立在旧知识上的认知框架，这会令人对世界失去好奇心。这样的人有个典型特征，觉得太阳底下没有新鲜事，看到一个知识点，觉得似乎没有什么新意，就匆匆忙忙下结论，"这不就是老生常谈嘛"，看到自己不懂的知识，首先想到的是自我辩解。

我们看见的知识并不一定都是对的，但这并不意味着在阅读的过程中要去和作者辩论。有人遇到新信息时，会倾向于首先质疑并挑战。习惯性质疑是学习的障碍，与我们所鼓励的批判性思维是两码事。

民国时期，国学大师熊十力独创了新儒家哲学体系"新唯识论"。徐复观当时任陆军少将，想拜熊十力为师。几番通信终于见面后，他向熊十力请教该读点什么书，熊十力向他推荐了王夫之的《读通鉴论》。徐复观说自己早已读过这本书。熊十力面露不悦之色，说他并没有读懂，应该再读。

过了一段时间，徐复观再见熊十力，说已经读完《读通鉴论》了。熊十力让他谈谈心得，徐复观就谈了许多对王夫之的负面评价。

熊十力没听完就开始破口大骂："你这个人，怎么会读得进书！任何书的内容，都有好的地方，也有坏的地方。你为什么不先看出好的地方，却专门去挑坏的；这样读书，就是读了百部、千部，你会获得什么益处？读书是要先看出好处，再批评坏处，这就像吃东西一样，经过消化而摄取了营养。譬如《读通鉴论》，某一段该是多么有意义，又如某一段理解是如何深刻，你记得吗？你懂得吗？你这样读书，太没有出息！"

多年后，徐复观回忆："这于我而言是起死回生的一骂。"其实，这对于一切聪明自负的人，都是起死回生的一骂。当我们阅读时，不妨先把质疑、挑战以及自己的好胜之心往后推一推。

知识点要纵横成网

查理·芒格给我们示范了什么叫连点成片。2020 年，96 岁的他在接受《证券市场红周刊》采访时，曾谈到一个惊人的数字：他一周读 20 本书。如果以芒格为标准，大多数人都是"文盲"，一周读 20 本书，意味着一个月读 80 多本，一年读 1040 本。如此高速的阅读，当然不可能精读每一本或读完一本再读一本，芒格会平行阅读多本书，让书中的知识连点成片，互相打通，成为一个网络。

实际上，不同书中的理论也可能是相互矛盾的。加拿大作家马尔科姆·格拉德威尔（Malcolm Gladwell）在《异类》一书中提出了著名的"1万小时定律"，但畅销书《刻意练习》的作者，美国的安德森·艾利克森（Anders Ericsson）博士认为1万小时定律是错的。有的书强调执行力，推崇军事化管理；有的书认同尊重个体，认为规矩越少越好；有的书倡导极简主义；有的书却鼓吹只有在混乱中才能产生秩序。每一种观点看起来都是正确的，它们会在你的大脑中展开一场争夺战，令你痛苦不堪。但当你把这些知识点纵向与上下文联系，横向与其他知识点比较时，噪声自然消失了。知识点与金句不同，金句可以独立存在，可以是断言式的，而知识点不仅需要放在一个坐标系内，而且要有语境与条件。

日本儒学家冈田武彦先生的《王阳明大传》，其中就有大量的知识点。如果单独拿出一句话，看起来像典型的碎片信息，如王阳明说"心即理"，这是心学的起点，可此处的理，与朱熹说的"格物穷理"的"理"，好像完全不同。要让这个知识点有价值，就要结合上下文，了解王阳明是怎样修习朱熹"格物之学"，以及宋代之后新儒学的发展，还可以参照陈来先生在《有无之境——王阳明哲学的精神》一书中对"心即理"的诠释。我会在第二章中对此展开详细解释。

"一知半解"才能"举一反三"

按照大部分人的认知，"一知半解"是个贬义词。有一个广为人知的谚语，"狐狸知道很多事，但刺猬知道一件重要的事"，刺猬因为更加专注，胜过了多面手狐狸。大家通常推崇的都是专家，而不是通才。在移动互联网时代，狐狸式的广博往往胜过"刺猬式"的专精。"一知半解"也有正面意义。我们不用为涉猎范围太多而烦恼，可以通过对知识点"一知半解"的积累，达到"举一反三"深度。

《知识大迁移》的作者威廉·庞德斯通（William Poundstone）做了大量研究，用数据挖掘出一个问题，我们以为在移动互联网时代，能够在感兴趣的领域一头扎进深水区，同时排除所有无关的事。互联网承诺所有的一切将永远保留在云端，就像自来水一样，只要你拧开水龙头，永远都会有水流出来，但大家忽略了这种便捷背后有另一些东西永远消失了：了解事情的来龙去脉，对发生的一件事能"知其然"。有了总体印象，人才能对具体事件进行评估，而总体印象为我们所不知道的事情提供了最重要的洞见。

你或许觉得一切知识都可以通过搜索引擎在互联网中找到，但忽略了一件事：当自己脑袋空空时，不知道应该搜索什么。

庞德斯通做了一个研究，对成年人而言，在同等教育程度下，高收入人群比低收入人群多了哪些知识？答案是：功夫在课本之外。个人理财与体育术语并非学校重视的教育内容，学校教育也不会帮一个成年人解释为什么奥运会铜牌得主总是看着比银牌得主更开心。但是，一个人越是掌握了大量看似不重要的知识，越能够产生各种大小类比、灵感和解决方案。

1931 年，爱因斯坦写下了一句名言："想象力比知识更重要。"其实知识是想象力的基础，因为想象力通常在两项事实之间建立联系。当时爱因斯坦对数学中一个特别没有实用价值的分支学科感兴趣，即非欧几何。一般来讲，物理学家并不研究这个理论，因为它与物理学家的工作以及物理学没有关系。但爱因斯坦最了不起的地方在于，他意识到非欧几何可以成为一种全新重力理论的科学基础。换句话说，就是物质会扭曲空间和时间。由此可以看出，广博的知识与想象力是互为补充、相辅相成的：整整一代物理学家都在研究一种新重力理论，也有一小群数学家了解非欧几何，但只有爱因斯坦找到了二者的交叉点。

芒格的习惯也印证了这一点，芒格是通过广泛的跨学科阅读建立思维模型的。一个广为人知的商业现象是，移动互联网时代到来之后，企业间跨领域的竞争越来越多，对企业形成生存威胁的可能并不是同行，而是外行，就像美团、饿了么等外卖平台的出现影响了方便面的销量，优酷、腾讯等互联网平台的加入改写了影视行业片酬规则一样。美国学者凯文·凯利（Kevin Kelly）说，即将消灭你的那个人，迄今还没有出现在你的敌人名单上。广泛地涉猎知识点，其实是在多元世界成为赢家的策略。

案例、金句与知识点如何自动衍生成应用

从应用角度看，阅读通常有两种场景：一种是"主动雷达"式，即目标明确地寻找资料；另一种是"被动雷达"式，即没有明确的目标，在阅读中发现好的资料随时记录下来。两种场景都可以按照"三环"分类。为了随时取用，我们可以分别记录案例、金句与知识点，随着知识的不断积累，即使是在"被动雷达"式下，它们之间也会自然衍生一套适用于演讲与写作的系统。关键之处在于，我们在收集案例、金句与知识点时，应该为它们打好"应用"的标签。

我曾经用这种方法完成了上百万字的创作和上百场演讲。自2012年开始，每当看到与企业公关危机有关的消息时，我都会收集起来，放入案例文件夹。最初只是好奇，为什么看起来最聪明的管理者会犯低级的错误。在此过程中，

我收集了 BAT①、美团、字节跳动、快手等头部公司以及创业公司品牌管理成功或失败的案例，也记下了大量金句。例如："今天击中你的子弹，早在昨天就射出了枪膛""心的严谨才能带来言行的严谨"等。在平时阅读或与朋友交流时，我还记下了大量的知识点，如危机回应的四个 W②、形象管理的流程等。

自 2015 年开始，我对资料进行了有意识的标签化，如哪些属于形象管理的预防，哪些属于应对策略，哪些属于后续行动，哪些属于危机处理方法，哪些属于品牌建设方案等。截至 2017 年，我发现围绕"企业形象管理"这个话题已积累了近百万字的素材，而且只要在同一标签下，对知识点、案例与金句进行整理组合，就是一本体系完整的书。

在朋友的帮助下，我找到了"形象市值"这个概念，将形象管理与市值管理进行类比，按照这个概念搭建架构，用 3 个多月的时间完成了《形象市值》一书的写作。可以说，这本书是按照三环套月笔记法，"自然"长出来的内容。

自己创作一本书，属于"无中生有"，要想应用已积累的案例、金句与知识点，还有一种更常见的实战，就是拆解一本书。围绕一本书拆解时，我们也可以用三环套月笔记法拆解书稿，内容通常比原书更为丰富。

拆解步骤是这样的：首先，充分吃透书中的知识点（注意：抓住核心知识点即可）；其次，围绕每个核心知识点提炼出让人听了就不会忘记的金句；最后，将书中对应理论的案例，换成你的案例、新闻中的案例或其他书中的案例，尽量不要用原书中的案例。如此，这本书的内容就能变成你的了。在第二章中，

---

① 　BAT，B 指百度、A 指阿里巴巴、T 指腾讯，中国三大互联网公司英文首字母的缩写。

② 　分别是：谁（who），什么时间（when），在哪里（where）和发生了什么（what）。

我们将详解如何拆书成课。

三环套月笔记法本身就包含知行合一。案例、金句、知识点、应用每一个步骤都不是孤立的，而是彼此互相映照的。

本章核心内容

---

1. 知行力不是悬空的，如果抛开事物去修行，反而处处落空，得不到知行合一的真谛。

2. 会阅读，在头脑里形成足够多的材料，才能会说话；会说话，才能会写作；做笔记或写作时会查阅资料，阅读才能更有效；说话有足够清晰的逻辑，才能读得好、写得好。

3. 干货是风干后的知识，虽能饱腹，却损失了口味和营养，因此提纯不能以"干"或"湿"为选择标准。

4. 我们不用把任何工具的使用方法发展成一门学问，所有工具的应用都只有一个目的：提取、记录和存储有价值的内容，并把它变成自己的知识。

5. 在这个世界上，没有什么本来就有趣的案例，也没有注定无聊的案例。如果你的案例能够唤起别人的沉思或反省，那么，即使只有几行字也具有超凡的吸引力。

6. 金句有这样三个特征：有思想深度、有美感，能引发共鸣。

7. 案例是血肉，金句是肌肤，知识点是筋骨。无血肉不鲜活，无肌肤难亲近，无筋骨则如同一摊软泥。

8. 对知识点的整理，要注意以下三点：首先，要放下执念，不能将自己的旧知识强行解释为新知识；其次，知识点只有纵向连接上下文、横向做比较后，才能形成网络；最后，专精不一定胜于广博。

第二章

拆解力：如何把一本书变成一门课

本章我们讲如何把书变成课。2015—2021 年，我用业余时间完成了百万余字的拆书稿。与读书笔记不同，拆书稿既是一篇独立的文章，也是一门微型课。课不一定讲给别人听，拆书者才是第一学习者。结合实践与拆书心得，我建立了对决策心理学、数字化转型、区块链等新知的基础理解，并把"和王阳明与曾国藩学创业"变成了一门为多家企业内训、先后为上万人分享的课程。

很多书具备变成课的潜质。例如斯科特·佩奇（Scott Page）的《模型思维》，在出版之前它的内容是公开在线平台 Coursera 上的课程，有超过 120 万人曾观看该课程的视频，其内容主要讲授理解和应用模型如何帮助人们做出更好的决策；史蒂芬·柯维的《高效能人士的七个习惯》出版 30 多年来畅销不衰，通用电气把它变成卓越领导力培训的明星课程，摩托罗拉也在 1996 年将它引入内部培训；马克斯·巴泽曼（Max Bazeman）的《哈佛商学院判断与决策心理学课》中文版引入国内后，很多管理培训机构都把它作为教材。掌握了如何把书拆成课的能力，也就掌握了从知到行的杠杆。正如查理·芒格所说："一本 30 美元的历史书里隐藏着价值数十亿美元的答案。"不止历史书，其实很多书中都隐藏着价值不菲的答案，拆书法可以带你找到这些答案。

拆书与拆课不同，书追求体系的完整性，而课有明确的目标导向。把书变成课后，书的内容结构很可能会被打乱；讲书和讲课虽然都是输出，但讲书往往是"我注六经"，讲课则更倾向于"六经注我"。后者不拘泥于书的形式与内容，而是借书表达自己的思想与认知。拆书时，更注重讲清楚上篇"三环"中的"案例、金句与知识点"，拆课时，更注重"月"，即"应用"。

三环套月笔记法拆书成课示范

我们以拆解《王阳明大传》为例，书中的核心知识点围绕心学的诞生与发展，可以分为"心即理""知行合一"与"致良知"。这三个知识点可以变成三门课。成课时，每个知识点要有清晰的定义，如"心即理"中的心，是指人的本心，即人的本性，也是人的知觉的综合；其中的理，是指道德法则。"知行合一"中的"知"与"行"不能割裂，是互相包含的，而不是分别指知识与实践。"致良知"中的"良知"，不是指"良好的知识"，而是指"是非之心"，是人的天良与道德，它既是内在的，也是普遍的。

每个核心知识点都有大量的金句，有的是此书作者冈田武彦先生所写的，有的是王阳明的原话，我们可以挑选与知识点关联最紧密的句子。

例如关于"心即理"，我们可以通过冈田武彦的话总结以下句子。

朱熹也重视心，把心视为形而下的东西，他主张向心外求理，并且认为只需要"心外功夫"。王阳明悟得的心即理，不是坐着不动想出来的，是屡遭挫折、九死一生之后悟出来的，所以王阳明强调事上磨炼。

这几句话言简意赅、寥寥数语，就写清楚了朱熹之心与王阳明之心的不同。再如"知行合一"，我们可以总结出以下这段话。

王阳明虽然提出了"知行合一"说，但知和行到底怎样"合一"，他最初并没有给出很好的方法。有人向他建议把"知"与"行"分开修行，这等于又回到了朱熹的"知行并论"上，也就是坚持"穷理"与"居敬"并进。后来王阳明谈道："知是行的主意，行是知的功夫，知是行之始，行是知之成。"

在这句话中，冈田武彦不但再次阐述了朱熹的理学与心学的不同，还引用了王阳明的金句，这是金句中套金句。

再如关于"致良知"，冈田武彦是这样描述王阳明晚年悟出致良知之后的情形的。

他把遇到事情时的沉着冷静，比喻为激流中逆水行舟的小船并没有放开"自己的舵柄"。这里的"舵柄"，指的就是"良知"。"我此良知二字，实千古圣贤相传一点骨血也""此是孔门正法眼藏"。

这个金句是对"舵柄"在手的诠释。

以知识点为核心，我们可以改造案例。王阳明毕竟是 500 多年前的人物，如果加以现代的案例对应则更易于读者吸收心学，在进行这种古今对比的同时，就完成了知识的"为我所用"。因为我们必须判断新案例，与知识点是真的契合还是勉强凑数。

例如"心即理"，可以对应到稻盛和夫先生的《心：稻盛和夫的一生嘱托》。

"一切都始于心，终于心"，稻盛一生颇为坎坷，他也抱怨过："为什么我要遭遇这么多不顺？"此刻，他就想起王阳明的"心即理"，让他顿悟，人生的道路都是由心来描绘的，无论自己处于多么严酷的境遇之中，心头都不应为悲观的思想所萦绕。

例如"知行合一"，也可以对应稻盛和夫的例子。

稻盛的"六项精进"，是他经营理论的核心。这"六项精进"看起来平淡无奇，就是"努力、谦虚、反省、感谢、善行、感性"，是孩子都懂的道理。但这六项，每条既是知，又是行。稻盛接手濒临破产的日本航空公司（以下简称日航）之后，他最先做的是召集经营干部一起学习"六项精进"。日航的员工最初有些不屑，因为这看起来太简单了。可恰恰是他们以前的这种态度，导致公司濒临破产。他们以为自己知道什么是"努力"，但其实对"努力"并没有做到真正的"知"，更没有身体力行地去做，也就是说，没有知行合一。当"六项精进"以知行合一的方式渗入每一位员工的心中之后，日航在一年内实现了扭亏为盈。

再如"致良知"，还是以稻盛和夫为例。

稻盛总结：一切成功都归结于利他之心，这是"致良知"在现实商业世界中应用的最好案例。他曾遭遇工人的"逼宫"，提出涨薪要求等。在经过痛苦的思考后，他重新审视公司的发展目的，认为公司的使命应该是为员工追求物质和精神两方面的幸福。从此，他开始了由"利己"向"利他"的转变，从明确公司使命开始，公司进入了稳步而又快速地成长。

以上是完整的如何通过三环套月笔记法拆解《王阳明大传》的例子。使用这种方法，你不但能掌握心学的精髓，还可以把它变成自己的演讲分享内容。

接下来，我们会具体讲解如何通过知行力化书为课，先要把书读厚，再把书读薄。

把书读厚的前提是找到"枢纽书"

很多人理解的拆书成课，要先提炼要点，把书读薄，这其实是个误区。拆书成课并不是做减法，在原书的基础上做删减，而是要先做加法，把书读厚，也就是先补充相关知识。有一些阅读类指导书建议读者，带着目标读书，但在第一步把书读厚时，不需要有明确的目标感，只需要知道这本书大概会解决什么问题就行了，否则就过于主题先行。

关于读厚与读薄的说法，最早来自华罗庚。他在《数学阅读精粹》一书中提出，学习有一个由薄到厚再由厚到薄的过程。"你初学一本书，加上许多注解，又看了许多参考书，于是书就由薄变厚了。自己以为这就是懂了，那是自欺欺人，实际上这还不能算懂。而真正懂，还有一个由厚到薄的过程。也就是全书经过分析，扬弃枝节，抓住要点，甚至对来龙去脉都一目了然了，这样才能说是开始懂了。"

把书读厚，可以先找到"枢纽书"。枢纽，就是中心的意思，即所要拆的主体。每个领域的枢纽书最后会附上参考文献或资料，大家可以从其中寻找感兴趣的书，以读过的书为起点进一步接触研究主题，由此引发连续阅读的过程，促进知识的体系化。比如，《穷查理宝典》的最后附上了芒格的书单，你可以看看哪些书对芒格产生了影响，这就开启了让阅读永不结束的旅程。

现在信息渠道如此庞杂，寻找值得变厚的"枢纽书"并不容易。我常用的寻找枢纽书的方法是"依法不依人"。"法"就是经典，每个领域都有经典图书，了解艺术史不妨从《牛津艺术史》开始，关于领导力的书可以读"现代管理学之父"德鲁克的《卓有成效的管理者》，提升自我管理能力可以从《高效能人士的七个习惯》入手。

我们不能因为喜欢或崇拜某一个人，就认为他讲的都是正确的，即使同一位作者，不同时期输出的内容质量也良莠不齐，不一定都适合作为枢纽书。日本女作家盐野七生的《罗马人的故事》见识卓越，《文艺复兴是什么》就有一些小错误。要把《文艺复兴是什么》变成一门课，就不如以美国学者威尔·杜兰特（Will Durant）的《世界文明史：文艺复兴》为枢纽。

寻找枢纽书的另一个方法，即"依义不依语"。不要执着于表面的文字，而是要随文入观，找到真实的义理。有的书看起来晦涩难懂，文字相并不好，其实阐述的都是基本原理，读懂了一本，也就掌握了某一领域的总纲，这样的书适合作为枢纽书。例如凯文·凯利的《失控》、布莱恩·阿瑟（Brian Arthur）的《技术的本质》，初读起来都像看天书，但它们都是探讨表象背后的本质性问题，适合作为枢纽书。我以《王阳明大传》为枢纽书，其实在写王阳明的书中，它不是最通俗的，反而有几分晦涩，但它具有枢纽书的典型特征。

把"枢纽书"与"卫星书"视为一本书

选好枢纽书之后，还要选择"卫星书"。我习惯在桌子的左手边放上同时期读的五本书：一本枢纽书，四本卫星书。

读冈田武彦的《王阳明大传》时，我也会读度阴山的《知行合一王阳明》系列、钱穆的《阳明学述要》、陈来的《有无之境——王阳明哲学的精神》和稻盛和夫的《心：稻盛和夫的一生嘱托》。

同步读的书要互相形成参照与补充。《王阳明大传》的特点是作者身为儒学家，对于王阳明思想体系和道统传承具有深刻的理解，而且数十年一直孜孜不倦地践行阳明精神，叙事严谨、内容翔实。因此我把它作为拆解的"枢纽书"。

《知行合一王阳明》的优势在于文本通俗易懂，而且结合了当代的实践。《阳明学述要》略过了王阳明一生的经历，但是对从宋明六百年理学体系的梳理，以及心学的诞生与流变提供了背景。《有无之境——王阳明哲学的精神》是一本严肃的学术著作，提出"有""无"的智慧与境界是研究心学的核心问题，并创造性地把心学和西方哲学史上黑格尔之前的德国唯心论作对比。《心：稻盛和夫的一生嘱托》则是著名企业家对心学的落地，并在书中提供了丰富的实践案例。

寻找哪些书值得同时阅读，就带有更明确的动机与目的性。这就好比照片的"焦点"，即使拍摄同样的场景，聚焦于前面的树木和聚焦于远处的建筑，得到的效果完全不一样，把书读厚的过程也一样，最好在选书这一步就先聚焦。我们要仔细确认"卫星书"和"枢纽书"之间的关系，问自己两个问题：它们值不值得读？是否需要和"枢纽书"一起读？在选书方面投入时间，是为了最终效果省时间。例如，关于王阳明的研究浩如烟海，通过查阅书评、翻看书的目录结构、前言和绪论，我才确定了另外几本"枢纽书"。

需要特别注意的是，很多朋友习惯于对书评、目录和绪论都速读，甚至直接略过，进入正文。这恰恰是需要详读的部分，因为它们通常是写给没有读过这本书的人看的。通过它们，读者往往能整理出一本书的主要框架，以此确定它是否加入书单或者哪部分内容需要详读。

把书读厚的过程，不用读完一本再读一本，而是要把"枢纽书"与"卫星书"当成一本书。假设我一天有两小时用于阅读，我会用一小时来读"枢纽书"，用一小时来读"卫星书"。读"枢纽书"时，要找到三环——案例、金句与知识点，然后在读"卫星书"时带着这些新鲜的思考，这样阅读，效率才能最高。

例如王阳明拜见大儒娄谅这件事，在中国思想史上具有重要意义，但在《王阳明大传》中这一部分写得较为简略。因此，我就会翻开"卫星书"，看它们对这一段的描写和评论。不过，与写论文不同，这并不意味着要把"卫星书"仅仅作为资料来肢解成片段使用，而是要对它们进行系统阅读。

把书变厚不是速读大赛

"枢纽书"相当于提供了一门课的坐标系，围绕这个坐标系再补充内容。我们可以把"枢纽书"作为一个笔记本，把"卫星书"中的相关部分用便笺纸粘到上面，或者直接写在书页的空白处。书写时，不但要简略写明所补充的"案例、金句与知识点"，而且要标明出处页码，便于索引。例如在《王阳明大传》中关于阳明格竹的部分，我补充了心学与程朱理学的三点差异："动"与"静"的不同、格物方法的不同、对"知"和"行"的理解不同。这三点差异结合了《阳明学述要》和《有无之境——王阳明哲学的精神》的内容，我在笔记上也写明了出处。由此可见，把书读厚，厚不仅是一个比喻，从视觉上来看，书是真的厚了。

帮助"枢纽书"变厚的不仅是其他图书，还包括公众号文章和向高手请教等。与此同时，我们也要意识到，变厚没有止境，关于一个课题可以无限延展，我们要知道"倒果为因"，目标是把书变成课，而不是变成一篇专业的学术论文，更不用对每一个名词、概念进行训诂学研究，要记得应该何时按下暂停键。如果对相关话题感兴趣，有时间也可以重启研究。

如今，阅读似乎正变成一场速读大赛，比的是谁一年能读多少本书，你每周一本，我就每天一本。其实每年只要读 9~12 本"枢纽书"，再以它们为原点，安排其他阅读资料，就可以构建成 12 堂课。这 12 堂课之间最好彼此关联，这样碎片化时间的阅读最终能变成系统学习。例如，每年灯塔知行社都会给社员们出一份阅读表单，列出自我学习的体系。2021 年的全年书单围绕如何成为"聪明投资者"的主题，分成了 10 个模块，每个模块中的第一本书就是精选的"枢纽书"。

薄与厚是一体的

《孟子·离娄章句下·第十五节》说："博学而详说之，将以反说约也。"把书读厚是材料积少成多的过程，接下来需要对材料进行加工打磨，由厚到薄。

这依然是准备而非拆解的过程，从表面上看，边读边拆的效率更高，但实际效果很差。庖丁解牛时，只有了解了全牛的筋骨、血肉、脏器，才能目无全牛，游刃有余，不可能只看到一条牛腿就动手。

因此不能为薄而薄，作者写一本书时，也是带着自己要解决的问题，在此基础上建构主旨观点，确立全书目录与各章纲要。除非你对全书的主旨和逻辑架构已经了解，并能完整诠释整本书，否则就谈不上拆解。厚和薄是一体的，正如知和行是一体的。

在《如何阅读一本书》中，作者提出在阅读过程中一定要问自己的四个主要问题[①]。

（1）整体而言，这本书到底在谈些什么？你一定要想办法找出这本书的主题，作者如何依次发展这个主题，如何逐步从核心主题分解出从属的关键议题。

（2）作者在细部说了什么，怎么说的？你一定要想办法找出主要的想法、声明与论点。这些组合成作者想要传达的特殊信息。

（3）这本书说得有道理吗？是全部有道理，还是部分有道理？

（4）这本书和你有什么关系？……为什么作者会认为知道这件事很重要？你真的有必要去了解吗？

读薄时，我们的注意力要回归"枢纽书"，而且需要边读边做笔记，结合上篇中的三环套月笔记法，提炼出案例、金句与知识点，并映射到应用。

也就是说，拆解一本书需要读两遍，第一遍读厚是详读，第二遍读薄可以略读。你想把这本书变成一堂怎样的课，决定了材料的取舍。这有点类似于教师准备课件的过程，要从"为什么学"入手，确定把哪一部分变成课，根据这个前提，进一步确定"学什么"，即通过哪些具体内容提升学习者（包括拆书者

---

① 莫提默·J.艾德勒，查尔斯·范多伦. 如何阅读一本书[M]. 郝明义，朱衣，译. 北京：商务印书馆，2004：43-44.

本人）的知识与技能、过程与方法、情感态度与价值观。

例如，要把《王阳明大传》变成书，可以讲王阳明的一生，也可以只讲他人生中的一段；既可以讲龙场悟道，还可以讲"知行合一"或"致良知"。主题不同，发力点自然不一样。因此"薄"并不是全书变薄，对最终成课部分反而要加厚，这也是拆书和拆书成课的最大区别。拆书是以书为中心，追求的是作者思想体系的完整性。拆书成课是以人为中心，追求的是学了就能用。

因此，把书读薄首先明确要把书的哪一部分变成课，然后围绕这个主题把书读深。我曾和一些企业界的朋友分享"龙场悟道"，为此，把 500 年前贵州修文县龙场的地理和历史资料都翻了出来，至于和这堂课关联度不高的内容，如平定宁王之乱，略过即可。

通过"神奇之线"找到核心概念

当明确了"要把书拆成什么课"后，需要找出相关核心概念。

为了便于理解，作者会对核心概念进行解释与论证，而在解释与论证的过程中，篇幅就会拉长。如果不是刻意寻找，核心概念会在展开的陈述中被稀释。例如"龙场悟道"部分，《王阳明大传》中写了三节，其中核心概念就是"圣人之道蕴藏在每一个人的心中，一直沿用的向心外求理的方法本身就是一个错误"，抓住了这句话，就找到了这门课的核心。

与核心概念相关的主题句通常在该部分第一句。它的概括程度最高，我们认真阅读第一句，然后试着找出段落往下要讲什么。找到主题句后，我们就完成了本部分的阅读任务。当主题句不在第一句时，我们就要继续阅读，直到确定是否找到与同一主题相关的所有内容。这种能力需要训练，你可以拿出一本书，用笔在上面画出主题句，看自己 5 分钟内能找出多少段落的主题句。

读薄时的阅读速度会越来越快。你会遇到另一个难题：对核心概念能记住多少。理解力与记忆力密切相关，但二者存在差异。阅读信息时，你会对信息进行理解，随后才会对信息形成回忆，此刻你可以通过一条"神奇之线"增强回忆能力。

例如在《穷查理宝典》中，芒格提出，对他来说，最有用的道理有以下四点。

一、要得到你想要的某样东西，最可靠的办法是让你自己配得上它。

二、正确的爱应该以仰慕为基础，而且我们应该去爱那些对我们有教育意义的先贤。

三、获得智慧是一种道德责任，它不仅仅是为了让你们的生活变得更加美好。有一个相关的道理非常重要，那就是你们必须坚持终身学习。

四、学习所有重要学科的所有重要道理，并不断通过实践去使用它们。

你看完这四点之后当时就能全部理解，但放下书大约 6 小时，就把它们忘得差不多了。此时，"神奇之线"就会发生作用。实际上，它只是一条斜线，在斜线上记录一下描述核心概念的词语或短语。从斜线开始，最后形成可视化，我们以此作为把书读薄的记忆工具。具体形式是这样的，阅读时，你可以在白纸上画一条斜线，读完之后马上在斜线上记录文章的主旨大意，不要回头去看读过的文章，尽可能用较少的词语，几个词就够了，一个词最好。

例如我们对芒格这段话的回忆，先找到主旨，就是"四点道理"。有了这个主旨之后，这部分内容就变得简单了，下一步，可以把更多的细节添加到斜线的支线上去。从这四点中每一点选一个关键词，如配得上、仰慕、终身学习、实践运用（见图2-1）。这些支线交错向上分布，好比一棵树，你要通过回忆在上面补充细节和枝叶。对于即时信息回忆模式，你无须组织信息结构，只看自己记住了多少内容，回忆的过程不要回看，一次补充结束后，再翻看书对照，练习得越多，记住的也就越多。

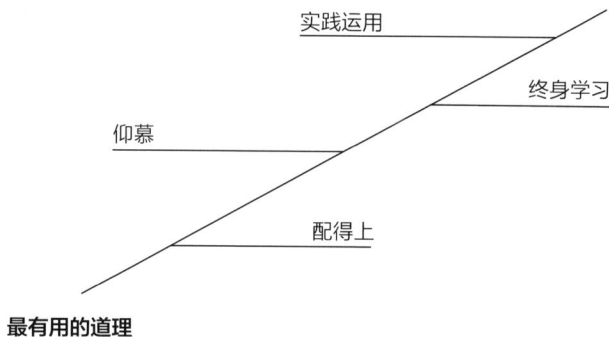

实践运用

终身学习

仰慕

配得上

最有用的道理

图2-1　"神奇之线"示例："四点道理"

我们既然要把书变成课，就要为"讲"做准备，记忆之线也是复述的有力工具之一。

在把书读到由薄到厚的过程中，我们还可以画出脑图。在此，我不建议把全书变成脑图，只要把与课程相关的部分变成脑图即可。有人觉得脑图越复杂花哨越好，但太繁复会适得其反，脑图的作用只是让信息更立体。讲王阳明"龙场悟道"时，一个重要背景是从程朱理学到陆王心学的传承与分支，脉络复杂。作为"枢纽书"的《王阳明大传》虽然也谈到了这一点，但散落在各章，也不够全面，因此我结合"卫星书"，做了一幅一目了然的脑图（见图2-2）。

一生少谈理学，却被尊为理学宗师

整合北宋哲学五子（周敦颐、程颢、程颐、邵雍、张载）的理论，建立了理学的完整体系

北宋大儒周敦颐

《太极图说》《通书》

天道合一

圣人可学

程颢 活泼

程颐 严肃

存天理，灭人欲

朱熹

薛瑄

胡居仁

吴与弼

陈献章

娄谅

陈白沙

湛甘泉

陆九渊

王阳明

心之妙用可至理现

随处体认天理

浙中、江右、南中、楚中、北方、粤闽、泰州七派

心学：宇宙便是吾心，吾心即是宇宙

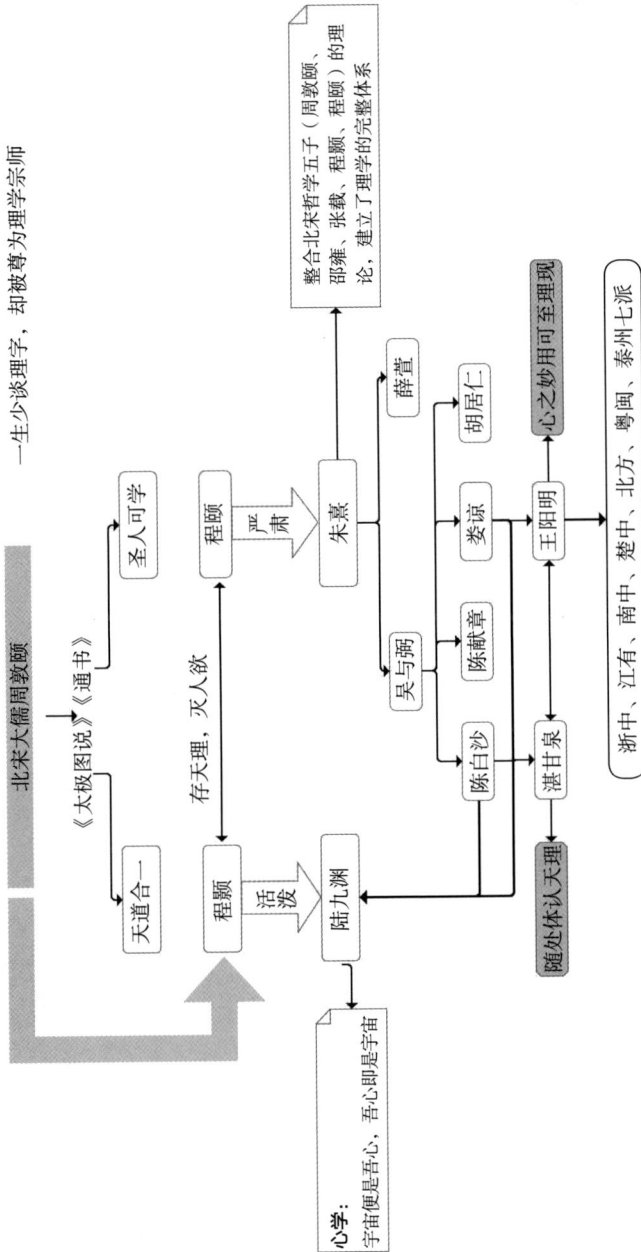

图2-2 宋明儒学脉络梳理脑图

拆书成课五步模板

与团队拆过上千本书之后，我总结出一套拆书成课的模板。适合自己的方法才是最好的，在此只是拿出经过实践验证的模板，供大家参考。

拆书成课的模板分为五部分，在此我以拆解美国学者丹尼尔·卡尼曼（Daniel Kahneman）的经典著作《思考，快与慢》为例来展示。

第一步，破题。假设特定人群在特定场景中遇到的问题，然后对应到书。这部分最后用一句话总结要解决什么根本问题。我们以"开篇引子"为例。

本次所要讲的话题，面向的是处于决策困境中的人，如果你是在公司战略上不知向左走还是向右走的企业家；如果你是不知应该放弃还是坚持的创业者；如果你是不知道应该跳槽还是稳定的职场人；如果你是不知道应该去大厂还是应该考公务员的毕业生，不妨好好听听这本书的拆解，如果你还遇到了其他与决策相关的难题，也不妨把困惑说出来。

今天要解决的根本问题是：如何改变自己的思考方式，在关键时刻做出最正确的决定。

第二步，简单介绍书的内容和作者。在这一部分，主要强调此书的权威性，为什么要把它拆成课。

今天我们所参考的书是《思考，快与慢》，如果要想了解影响我们决策的感性因素与理性因素，读这一本书就够了。这本书从心理学的角度，解释了人类大脑的运行系统、框架以及相对应的思维漏洞。读了这本书之后，我最大的感受是原来的自己是无知的。在经济、政治、生活等领域，那些看起来平常的现象，背后都有深刻的道理，明白了这些道理，才能更明智地做出判断。

一本书中涉及的内容很多，此处要回到"课"。

这本书会在各个方面给予你启迪，提高你的幸福指数，今天我们主要讲如何有效地决策。

在此，有必要介绍一下作者，我们可以从以下三个角度出发：一是作者经历中最值得称赞的地方（比如首创了某个理念、获过什么大奖等）；二是作者有趣或有意义的经历（对作者的成长、思维产生影响的经历）；三是作者的其他畅销书。

《思考，快与慢》的作者丹尼尔·卡尼曼，以色列裔美国心理学家，但在 2002 年获得的是诺贝尔经济学奖。为什么呢？因为他把心理学研究和经济学研究结合在一起，对于分析人们如何在不确定状况下做出决策有独特的贡献。他一辈子研究的就是怎样做出正确的决策。你看，这不正是最困扰我们的问题之一吗？

在此部分，要让听众觉得作者很厉害，从而激发听众对由书拆成的课的兴趣。值得注意的是，对书和作者的介绍要自己组织语言，避免直接复制原书上或网络上的内容简介及作者介绍。

第三步，进入核心理论部分。 首先你必须将自己所要讲的逻辑架构告诉听众，让听众对听的内容有所预期。最好先从一个故事进入，拆书成课模板中有一个明确的要求，前500字内（即大约三分钟的表达）必须出现故事，从故事进入正题。这个故事可以是书中的，也可以与书无关。

　　玩扑克时，当玩家连续抽出10张坏牌后，他就会觉得是时候抽出一张好牌了。如果一个人中了彩票，他再买彩票的时候就会更改号码，因为他觉得同样的号码不可能中两次。这些都属于赌徒谬误。赌徒谬误往往会引发错误决断，这只是我们做出错误判断的一个原因。接下来，我会带着大家理解，影响我们做出错误判断的三个因素，以及提高判断准确率的三种方法。

　　此部分要注意：三段论是一个俗套的原则，但"三"是一个奇妙的数字。在我们的模板中，会要求知识点不能超过三个。如果是不同维度的知识点，那么每个维度的知识点也不要超过三个，超过了三个就很难被记住了。

　　其次，要把原书中有思想价值却拗口的话，用自己的话表述出来。

　　关于赌徒谬误，就像卡尼曼说的，人们常常把随机视为一种自我修正的过程，觉得朝一个方向的偏离会引发向相反方向的偏离，从而恢复平衡状态。事实上，偏离不会随着随机过程的推进而被修正，它们只是被稀释了。这句话有些令人费解，简而言之，假设你掷骰子，前四次都掷出了小数，你可能觉得第五次不会是小数，结果第五次确实是大数。这并不是因为有一只无形的手觉得之前的小数太多了，需要用大数平衡一下，只是因为扔的次数多，大数和小数在总体上是均匀的。

最后，在维度选择上，不能偏离课的主方向，各个维度之间也要有内在联系。例如在影响我们做出错误判断的三个因素中，我选取了赌徒谬误、合取谬误与无视均值回归，而提高判断准确率的三种方法中，也要对应这三种因素。

第四步，指向如何落地应用。 在课程核心部分，每一部分都可以沿用"三环"，按照案例、金句、知识点来展开，到第四部分就要进入"套月"，指向实际应用，也就是说，由书到课，由课到"我"，指明课与"我"有什么关系。

此刻要回顾开篇的破题——处于决策困境中的人，经过对核心部分的诠释，要把这个主题向更落地处分解，困境来自哪里？答案是来自如何调和"想要"和"应该"的矛盾。

由此便可以说：

> 我们发现自己的自制力很差，明明知道吸烟有害健康，知道应该戒烟，但总是忍不住；明明知道自己血压有点高，饮食上应该少盐、少油，但经常抵抗不了啤酒、烧烤的诱惑，一周少说也要大吃一顿。大家尝试了很多方法，但都没用。

在灯塔知行社的分享时，我讲到这一部分时，社友们都会会心一笑——这说的不就是自己嘛。

在应用环节，就不仅要讲道理，还要定目标、定行动，这已经超出了"枢纽书"的范围，需要结合"卫星书"和其他资料。

经过第三部分的分析，我们已经知道：

> 当我们一次只评估一个选项时，情绪诉求也就是"想要的自我"

是更强的；而当我们同时面对多个选项时，更理性的"应该的自我"会更强，会对选项进行权衡。可供比对的标准可以让选项之间的差异清晰化，从而引发更合理的决策。相反，当只考虑一个选项时，决策者经常会受到"我想要吗？"这个问题的驱使。在这种情境中，情绪和内心动机是更强的，最终的决策也就自然跟着自己想要的那个选项走了。

在此引入实践，可以说：

当我有了吸烟或吃烧烤等短期奖赏的选项时，"想要的自我"就会立即做出评估，认为这个选择很有吸引力，于是就引导着我去吸烟、吃烧烤。如果我能明确地将短期欲望与让人克制放纵的选项进行比较，"应该的自我"就有能力评估和比较每个选项的价值。比如"应该的自我"会有条不紊地定下新年要戒烟的决心，但是当"应该的自我"疲惫或分心时，"想要的自我"就会把自己的新年目标一举摧毁，所以，我要时刻提醒自己这两个"我"的存在。

具体的行动是什么呢？就是把"应该的我"，从一个年度大目标细分成更具体的月度中目标，再细分成每周的小目标。讲到这里时，我会向大家展示自己的目标备忘录。

第五步，结语。最后的结语是全课的"总结 + 升华"，它不是简单地重复，而是要用更精练、准确的语言进行概括和表达。

　　决策理论家认为，多重自我意味着每个人都由许多个个体组成，认识到这种复杂性对决策人员来说是一个挑战，但这也是调和矛盾的关键。也就是说，更好地了解自己，才是做出正确判断的真正前提。

　　拆书成"课"的"课"，并非一小时甚至更长时间的培训，也不一定需要PPT或脑图作为辅助工具，甚至只需要一个听众就够了，那就是你自己。我曾把"曾国藩与王阳明"变成一堂三天两夜的大课，也曾把"向王阳明学抗逆力"变成内部15分钟的分享。

　　在此，不管时间多长的内容，拆书成课"34字诀"都适合："不晦涩，不鸡汤，不书面；有理论，有案例，有方法；抓增量，化概念，宁可小而深，不要大而全"。

遇到难拆的书怎么办

　　灯塔知行社的社友常常有一个烦恼，某些经典书很有价值，但读起来很难，更不用说拆了。经典已经过时间与无数读者的淬炼，其内容不管多么晦涩乏味，一定有可取之处，是有价值的，肯定值得拆解。遇到这样的书，如何下手呢？

　　结合自己和社友们的经验，我总结了三个窍门。

　　窍门1：把书堆成山。这是一个听起来有些独特的方法，特别对有整理癖的人而言，难以接受。一提到把书堆成山，我们首先想到的是懒惰，但先把书堆起来，恰恰是从心理上和难拆的书做斗争有效的一步。

　　我会把将要读的"枢纽书"放在桌子的左边，然后把相关的"卫星书"放在右边，边读边写读书笔记，读完之后，就收纳到普通书架上。这样，也方便找书。假设我们旅行时想随身携带三本书，如果是普通的堆放，就很难从各个位置抽取，但把未读的书放在一起，就没有这种顾虑，想拿哪一本都可以轻松拿到。

堆放书的位置不一定是办公桌，也可以是沙发、床头。总之，只要不引发家庭矛盾，就可以把没读完的书放在一切显眼的地方。这并非浪费空间。我曾在大学买了一本法国学者丹纳（Taine）的《艺术哲学》。这是一本有关艺术、历史和文化的巨著，但我一直没有时间读完它，后来我就把它摆在鞋柜上，时刻提醒我和它还有一个约会。终于在一次出差上海期间，我把这本书顺手塞进包里并在路上读完了它。

把书堆到眼前的意义，就是"暂时撤退、养精蓄锐"。遇到有难度的书，先放一下，然后时刻提醒自己还有这个朋友。

如果有一本有用但特别难拆的书，如何拆书？窍门只有一个，就是"等它变得有趣"。第一次读德国诗人黑塞的《悉达多》，我读了几页就读不下去了，扔下很久。后来有一天，我突然对它燃起了前所未有的热情，只用三天时间就读完了它。

即使不想马上阅读，也要为即将到来的阅读做好准备，要让这本书保持在自己随时可以接触的状态。当你终于凭借突发的激情把难读的好书读完了，再一鼓作气把它拆出来，就会获得巨大的成就感。

拆高难度的书时，选择"卫星书"的难易程度很重要，最好合理搭配，不要用一本复杂的书解释另一本复杂的书。这与读书类似，读小说时，如果对冗长的故事感到不耐烦，可以马上换成管理类的书，读了 10 页读不下去了，换成心理学的书试试，读烦了再换成小说。换书就是换心情，读《思考，快与慢》时，我是配合着网络小说《庆余年》一起完成的。

《王阳明大传》的拆解难度系数适中，我选取的"卫星书"中，既有理论性强、内容比较晦涩的《有无之境——王阳明哲学的精神》，也有更通俗、故事化的《知行合一王阳明》。

进入我们办公室，和进入一个小型图书馆差不多，随处都能抓到书。别小看堆书这个动作，就像我们经常会在洗手间里看到的一些小笑话、人生哲理等，虽然只言片语，却会令我们印象深刻。这说明空间能够左右人们感受语言的方式。中国建材原董事长宋志平曾告诉我他的一个阅读习惯，在卧室床头放一个箩筐，把还没读完的书扔到里面，这样睡前就能拿起来看几页。

窍门2：由浅入深地读。遇到内容比较艰涩的书时，要先抓住书的软肋。所谓"软肋"，就是入门书或解说版的书。越是名著，各种图解版、漫画版、缩略版、注音版、精编版以及影视改编版就越多，现在各种知识付费的音频拆书，也是一种形式。需要特别说明的是，"软肋"并非"卫星书"，而是"钥匙书"。

大家可能猜不到，对我影响最大的一套书是什么。那是1987年浙江美术出版社的《世界文学名著连环画》，分成欧美卷和亚非卷，画工精美，文字凝练。我从小学开始读，一直读到现在。通过这套书，我了解了《奥德修纪》《哈姆莱特》《格列佛游记》《费加罗的婚礼》等。

也有人说"钥匙书"不够严肃，话虽如此，难道你想看高尔基的书要先去学俄语吗？读书和拆书都不应该是这么狭隘的事情，不应该有禁忌。"工欲善其事，必先利其器"，遇到难啃的书，先后退一步，不要勉强自己正面强攻，而应先找到一个比较简单的方式再发起进攻，这样也可以激发自己的阅读兴趣。

一本书出版前后，往往会有作者的演讲、访谈等，这些内容因为参与者水平比较高，都值得作为"枢纽书"的钥匙。黑石创始人苏世民所著的《我的经验与教训》在国内发行时，举办了多场读书会。在2020年世界读书日，即4月

23 日，红杉资本的沈南鹏和苏世民就这本书进行了对话，结合此书探讨疫情下企业穿越周期的生存法则。那些经过高手碰撞的内容，实际上是对书的再创造。

窍门 3：创造仪式感。生活需要仪式感，创造了仪式感，那些单调普通的事情就被赋予了不同寻常的意义。阅读需要仪式感，拆书时更需要仪式感。

古人读书讲究净手洁案、正襟危坐、口无杂言、专心致志、敬字爱书。富贵人家读书，还必须焚香煮茶。当然，从前车马慢，现代人的时间高度碎片化，有时阅读是在地铁上完成的，有时阅读是在排队时完成的，难以有闲暇达到古人的程度。但我们依然可以通过自己的方式营造阅读氛围，如果你这样做了，阅读与拆解的效率都会大大提升。

我拆书的仪式感主要体现在工具上，只有体验过才会理解，一套拆书工具可以激发拆书成课的热情。我常用的工具如下。

第一，要准备一支陪伴自己工作的钢笔。用好的钢笔写下来的笔记，会让人感觉笔触更有分量。另外，钢笔不像圆珠笔那么简单，需要吸墨、擦拭、保养，使用比较麻烦的笔，更容易激发干劲。美国作家杜鲁门·卡波特（Truman Capote）在写作之前，都会先用小刀削几支铅笔，削好一打左右的铅笔后，他才会觉得"好，差不多该写稿子了"。

心理学家指出，出于大脑构造的原因，简单的作业过程会带动人们的热情，让人们更专心致志地投入工作。这就像我们整理好电脑的桌面，就会觉得注意力集中了；洗了车，感觉车速都快了一样。

第二，可以准备不同颜色的荧光笔，用来在书上做记号。它的颜色会像蜡笔一样浮在纸的表面，我们可以放心地用它在书上做记号，也可以几个颜色一起用，根据心情换颜色。这种荧光笔最好配合细头彩笔一起用，便于画线和在空白处做记录。

第三，在拆书过程中，便利贴必不可少，用它可以把从"卫星书"上摘抄的笔记直接贴在"枢纽书"上。便利贴便于携带，有荧光膜、卷筒型等，还可以配合便携式胶棒或胶带一起使用。

第四，我还会用一款设计得像老式煤油灯的充电台灯。它能帮助我集中注意力。还有特殊的镇纸、读书架、书签等，这些工具都增加了我拆书时的愉悦感。

总之，你不一定必须配齐这些工具，但面对一本难拆的书，要学会和它智斗，而不是硬逼着自己现在、马上、立刻，非读、非拆不可。

本章核心内容

1. 拆书与拆课不同，书追求体系的完整性，而课有明确的目标导向。把书变成课后，书的原有结构很可能被打乱；讲书和讲课虽然都是输出，但讲书往往是"我注六经"，讲课则更倾向于"六经注我"。后者不拘泥于书，而是借书表达自己的思想与认知。

2. 拆书成课并不是做减法，在原书的基础上做删减，而是要先做加法，把书读厚，也就是先补充相关的知识。

3. 把书读厚的过程，不用读完一本再读一本，而是要把"枢纽书"与"卫星书"当成一本书。每年只要读9~12本"枢纽书"，再以它们为原点，安排其他阅读资料，就可以构建成12堂课。这12堂课之间最好彼此关联，这样碎片化时间的阅读最终能变成系统学习。

4. 从表面上看，边读边拆的效率更高，但实际效果很差。庖丁解牛时，只有了解了全牛的筋骨、血肉、脏器，才能目无全牛，游刃有余，不可能只看到一条牛腿就动手。

5. 有人觉得脑图越复杂花哨越好，但太繁复会适得其反，脑图的作用只是让信息更立体。

6. 拆书成课五步模板：一是破题；二是简单介绍书的内容和作者，主要强调权威性；三是进入核心理论部分，先告诉听众课程的逻辑架构，让听众对听的内容有所预期，最好先从一个故事进入；四是指向如何落地应用；五是结语，这是全课的"总结＋升华"，不是简单地重复，而是要用更精练、准确的语言进行概括和表达。

7. 生活需要仪式感，创造了仪式感，那些单调普通的事情就被赋予了非同寻常的意义。阅读需要仪式感，拆书时更需要仪式感。

第三章

简化力：降低输入与输出的难度

我们在前文中提及遇到难拆的书怎么办，这往往是践行知行力的卡点。本章将延续此话题，探讨如何降低输入与输出的难度。有人动辄就将"浅薄""心灵鸡汤"的标签贴在音频知识付费类平台、读书节目、某些历史教授或历史通俗作品身上。实际上，这种随意标签化的行为才是最浅薄的，把复杂的事简单化，非常具有挑战性。首先，讲述者必须具备相当深厚的底蕴，然后像打磨产品一样梳理知识，这样才能做到流畅、持续、成体系地表达。

当然，滥竽充数、强行输出的人也不少，这就需要用户具有一定的辨别能力，找到那些真正"熬知识的小米粥"的人。小米粥的特点是有温度、有营养、易吸收。像十点读书、混知、果壳、知乎等平台及部分学者、教授等都已经熬了一锅好粥。他们输出的内容不仅妙趣横生，而且有丰富的存量。

我有深度阅读的习惯，也时时刻刻向他们学习。知行力是轻盈的，也是开放的，不要拘泥于某一种学习方式，并认定它就是最好的。从古至今，大家对复杂、专业知识的简化都是有需求的。中世纪知识垄断于教会，而文明之光就是从知识普及开始的。当前应对碎片化学习的需求出现了相应的供给，同样是题中应有之义。灯塔知行社在 2021 年 10 月调研过 600 多位社友，与他们探讨学习方式的改变，结果发现抖音、快手等短视频平台也逐渐拥有了另一个身份——社交性学习新场景。学习类视频在社交短视频平台犹如一股清流，由用户自下而上汇聚成江河，开辟出一片新蓝海。

第七期一位社友告诉我："我没见过这么无聊的博主，录下自己做6小时数学题的视频，发到B站[①]上。最无聊的是，我竟然从头看到尾。最最无聊的是，有46万人和我一起观看了这个无聊的视频。"真是"老铁"变老师，玩物也励志。

简化不是简单，唯有真正的高手，才能做到大道至简。我将简化力分解为输入过程中的剥洋葱法与输出中的形象法。2021年国庆节刚过，我的好朋友，启赋资本联合创始人顾凯先生，邀请我去他的公司做一场分享，拆解《技术的本质》一书。我翻开此书才发现，这可真是一个大工程。

《技术的本质》一书的作者布莱恩·阿瑟，是复杂性科学的重要奠基人，37岁就成为斯坦福大学最年轻的经济学教授，也是世界知名的复杂性科学研究中心圣塔菲研究所元老级人物。他的另一本名著是《复杂经济学》。这样一位专门研究复杂问题的大神，写的书也如他研究的课题一样复杂。《技术的本质》讲述的主要内容是阿瑟所创建的一套关于技术产生和进化的系统性理论。阿瑟将经济看作进化的复杂系统，他也如此看待技术。在这本书中，他把技术上升到哲学层面进行思考，原创性地提出了一系列概念，如"递归性原理""域定""结构深化""技术构件""因果性历史""纯粹秩序""混质活力""自适应性延伸"等。读者读懂这些概念已是不易，更何况转述出来。

这是最常见的学习难题之一，我最终结合剥洋葱法与形象法成功地完成了

---

① 哔哩哔哩（bilibili）是国内知名的视频弹幕网站，简称B站。——编者注

分享。在准备、拆解及演讲的过程中，我发现自己才是最大的受益者。

最初假设：先抵达内核

何为剥洋葱法？著名小说家许荣哲在《小说课》中引用了电影《怪物史莱克》的台词："洋葱有层次，妖怪也有层次，万事万物都有层次。"如果不能看出层次，那么史莱克永远是一个丑陋的怪物，如果能看出层次，那么怪物就会有很多种可能：一个值得信任的好朋友、值得一辈子相守的好伴侣。大家也都喜欢有层次感的故事，随着故事一层层剥开，每一层都有不同的寓意。

世界如此复杂，洋葱裹得也越来越紧致。能剥开洋葱的层次越多，就越能触及其本质，读到、写出、讲出与众不同的内容。

剥洋葱，从物理上看是从外向里剥的行为，但在拆书过程中，却需要先抵达内核，然后反过来逐层剥开。

要抵达内核，特别是像《技术的本质》这类兼具科学与哲学性质的书，必须先找到作者的最初假设。在《如何阅读一本书》中，作者提出："伟大的科学作品，尽管最初的假设不免个人偏见，但不会夸大或宣传。你要注意作者最初的假设，放在心上，然后把他的假设与经过论证之后的结论做个区别。一个越'客观'的科学作者，越会明白地要求你接受这个、接受那个假设。科学的客观不在于没有最初的偏见，而在于坦白承认。"

例如在《技术的本质》中，阿瑟提出的最初假设看起来是一个特别初级的问题："技术到底是什么？"初级问题往往也是伟大的问题，这就是典型的追根究底式深入思考。此假设看起来与我们的日常对技术的理解并不一致，抓住这个内核，接下来的论证都围绕这个假设展开，最后得出结论：技术具有生物属性，技术进化可以引发经济进化。

简化力的第一步是找到"最初假设"，即先触及洋葱最辛辣的内核；接下来从推理方式入手，就可以把洋葱打开。不管多么复杂的内容，最常用的推理方法有三种，即演绎法、归纳法和辩证法。

演绎法：从普遍到个别

演绎法，即首先以既知普遍判断为基础，然后把这种判断应用到个别事物上，最后创造出新的判断。举例说明：我们把一个逻辑分成三段：A，只要是人，都会死；B，圣人是人；C，因此圣人也会死。A，即大前提；B，即小前提；C，即结论。C 的产生，完全以 A 和 B 为根据，如果 A 与 B 是正确的，C 就成立。如果 A 和 B 不成立，就无法演绎下去。例如：A，英雄难过美人关；B，老王难过美人关；C，所以老王是英雄。这个推理的错误就在于"难过美人关"这个共同因素没有把两个前提必然连接起来。很可能，英雄是难过美人关的一种人，但老王却是难过美人关的另一种人。

对事物而言，演绎法只论概念，不论实质，因此又被称为形式论理。它有三个规律。一是同一律，即"老王是老王，不是老李或小赵"。一个名词只表示一种事物，不允许有歧义。二是矛盾律，即"老王不是非老王"。一个名词既然肯定了判断说"是什么"，就不能再否定了判断说"非什么"。三是排中律，只许说"老王和同事老王是一个人"或"老王和同事老王不是一个人"，不能说"老王是或者不是同事老王"。一个名词只许判断"是"或"非"，不允许有其他中立的判断。

可以说，在以上三种规律中，同一律是最基本的，矛盾律与排中率都是对同一律的补充。对演绎而言，这三种规律非常重要，如老王写一封邮件，希望能提升客户服务质量。此处的客户，应该是指付过钱的人，没有付过钱但试用过老王公司产品的人，只能叫用户。假设另外一个协作部门的人，对客户的理解与老王不同，把客户和用户混为一谈，他们争得面红耳赤也没用。因此，老王讨论一件事之前，首先要对关键名词建立同一律。

《技术的本质》一书中大量使用了演绎法，如关于"技术的本质是什么"，是由三条基本原理逐步建构，第一条是大前提 A：技术都是某种组合，这意味着任何具体技术都是由当下的部件、集成件或系统组件建构或组合而成的。第二条是小前提 B：技术的每个组件自身也是微缩的技术。第三条是结论 C：所有的技术都会利用或开发某种（通常是几种）效应或现象。

归纳法：从局部到整体

推理的第二种方式，即归纳法。演绎法可以理解为从大到小，从整体到局部；归纳法则是反过来的，从局部到整体。例如：A，孔子和三皇五帝，唐宗宋祖都死了，我的姥姥姥爷也死了；B，他们都是人；C，所以，是人都会死。演绎法的大前提，往往是从归纳法而来的，归纳法可以弥补演绎法的不足。

另外，如果要验证归纳所获得的判断是否正确，就需要演绎应用于个别事物。

归纳法最重要的规律有两种。第一种是基于现象收集，即经过普遍的收集。例如在某个研究项目中，认为女性的消费能力远远超过男性，但不可能找到所有男性和女性来证明这个观点。只要寻找的样本足够多，而且根据数据，总体女性消费能力远远超过男性就可以了。第二种是基于现象与判断之间的因果关系。其实，找到因果关系比现象收集更为重要。因为我们不能收集所有现象，只要因果关系明确，即使偶尔出现反例，结论也是可靠的。例如一份消费报告声称，女性在电商购物节的消费能力远远超过男性。这是基于消费心理学的判断，女性更容易冲动消费、喜欢收集等，这就是因果。偶尔有几个男性消费能力超过女性，仍然不能推翻原来的判断。

一般来讲，《技术的本质》等难读的书会大量采用归纳法。例如，通过实验所创造出来的一个案例或者长期观察收集到的案例，建立一个通则。例如，它列举了不同局部的 A 案例（喷气式发动机、电磁感应仪器等怎样捕获了大量现象加以编程，从而产生无数的应用），抽离出了共同的特征 B（它们都是技术），得出了判断 C（技术是有目的的对现象进行编程）。

辩证法：关注变化及其相互间的关系

演绎法只是用概念处理事物，把事物当成独立、静止的东西，它忽略事物本身是有变化的。归纳法依据的是个别事例，也没有估计到事物本身的变化及其相互间的关系。其实，世间万物都转变流动不息，事物与事物之间的关联都很紧密。

比如，我们用演绎法说，"资本都是贪婪的""几家主流投资机构都要投资老王的公司"，所以"老王会被资本赶出自己的公司"。或者，我们用归纳法说："老王接受投资之后，出局了。老李接受了投资之后，也出局了。他们都接受过投资，因此资本是贪婪的。"这与实际情况并不相符，投资人与创始人之间的关系非常复杂，要看双方的态度、商业策略、业绩增长情况以及彼此的信任关系等，不能凭空断言。我们经常说要"辩证"地看问题，就是要重视实际情况变化。

第三种推理方式叫辩证法。辩证法也有几个原则，一是矛盾对立，演绎法的立足点是事物同一，忽略了矛盾，但辩证法以矛盾为出发点。世间万物本身都含有矛盾，如生和死是矛盾、正和负是矛盾、阴和阳也是矛盾。

二是量变引起质变原则。一种事物因为量的改变，性质就会发生变化。例如，水的温度增加到100℃以上就会变成汽，降到0℃就会变成冰。再如，所谓一万小时天才理论，是指只要在某一个领域经过一万小时训练，任何人都能够成为这个领域的高手。这些就是为了证明量变可以引起质变。

三是否定之否定的原则：一切事物的发展与进步都要采取否定之否定的顺序。例如，一粒谷子埋进土里，它成了种子，谷子不复存在，这是一次否定。种子发芽、成熟，然后枯萎，再长出一粒粒新的谷子，这又是一次否定。否定的否定，就是新生。张瑞敏说："没有成功的企业，只有时代的企业，海尔要永远'自以为非'，千万不能自以为是。"这都是否定之否定的辩证法精神。

《技术的本质》一书中大量采用了辩证法，通过一系列看似矛盾的例子，证明设计就是关于解决方案的选择，它举了1933年施万德巴赫三铰拱桥的例子。这座桥被称为有史以来最美丽的混凝土大桥之一，并没有采用什么新材料，也没有采用什么新的结构构件，设计师马亚尔完成如此优雅的表达时，所用的几乎是最普通的技术手段，他是如何做到的呢？

辩证法虽然好，但如果脱离了演绎法与归纳法，只用辩证原则去看待事物，也容易陷入虚无主义，难免觉得一切都是暂时的，都是错误的。演绎法、归纳法与辩证法，构成了一套完整的推理体系，我们要予以综合运用。不管一本书有多么复杂，在演绎法、归纳法与辩证法的框架下，我们自然能发现作者真正想表达的意思。

不要执着于沟通媒介

在实战中，我们不会仔细琢磨，哪一个是大前提，哪一个是小前提。归纳法、演绎法与辩证法是便于我们快速理解核心概念的工具。一旦熟练掌握这些工具，我们就能迅速知道用什么工具解决问题。

为了便于理解它们，我们可以用王阳明"格竹子"的故事来说明。王阳明格竹子，是我国哲学史上的重要公案，其中就隐藏着演绎法、归纳法与辩证法的差别。青年王阳明在京城时，如饥似渴地阅读朱熹的著作。他认为，要想成为圣贤，就必须掌握朱熹所说的"格物穷理"。"格物"最早出现在《礼记》中，宋儒把"格物"提到了极高的位置。"致知在格物"，即获取认识的方法在于穷究事物之理。王阳明为了实践"致知在格物"，对着竹子格了七天七夜，最终因劳累过度而病倒。

实际上，王阳明求竹理之法与朱熹提倡的格物不同。朱熹所说的"穷天理""明人伦"，是格物穷理的根本。虽然他把格物穷理拓展到自然界的万事万物，范围扩大了，但大纲还是人伦道德，如果舍弃大纲，仅就具体的一草一木去探求道理，就丧失了朱熹思想的精髓。换句话说，朱熹的格物，更接近于先归纳再演绎。如果当时在那里的不是竹子，而是其他东西，王阳明也会去格，因为他觉得格什么不重要。如果是朱熹格竹子，他会先弄清竹子和其他草木有什么不同。也就是说，王阳明格竹子的方法，更接近于直接演绎，而且违背了演绎法中的"同一律"。

格物，首先要弄清楚每种事物特有的法则，然后进一步探究它存在的生命根本之理。朱熹认为，"总合天地万物之理"会形成大的"一理"，每个事物分开又都有各自之理，千差万别的事物都是"一理"的体现。王阳明格竹子时，却不是这样认为的。他希望通过"格竹"，立刻悟出"总合天地万物之理"的"一理"，即绕过差别，直接追求统一。这其实像道家的做法，而儒家是最重视差别的，即分殊。

王阳明的"穷理"违背了朱熹之道，却很接近陆九渊的"心即理"。那么，如何才能穷尽竹子之理呢？这里就需要采用辩证法，就像画山水一样，"远望之以取其势，近看之以取其质"。而以王阳明当时的年龄和修为，还到达不了这一层。

任何语言和文字都是沟通的媒介。我们借助媒介了解共同的主题，而不用执着于媒介本身。当你综合应用归纳法、演绎法和辩证法时，那些复杂的概念就会卸下文字上的伪装，呈现本来面目。如果觉得有些概念依然难懂，而且不知道懂了有什么用，那么怎么办？很简单，把它抛到一边。正如我为投资机构解读《技术的本质》一书，并不是帮助这些投资人成为某一领域的技术专家，而是通过这本书，帮助大家更容易看懂一家公司是否具有真正的技术壁垒，谁具备核心优势，谁正在跟风。

如何判断论证的质量

简化复杂阅读资料的窍门之一是，找到"最初假设"，然后从归纳法、演绎法和辩证法的角度，看作者是如何论证这个假设的。那么，如何判断作者论证的质量？是故弄玄虚，还是思维缜密？这决定了我们是否值得在简化相关部分投入时间。

判断作者论证的质量，有三个标准。第一，作者能否保证论证有理有据。假如做一个事实性陈述，要从可靠、公开的渠道获得佐证；假如做一个理论论证，应该以哪些具备智慧的人的已有共识观点为前提。

第二，要谨防虚假二分法。把复杂问题简化为两种口号、两个阵营或两种思想的碰撞，虽然看起来有趣，但几乎没有办法帮助大家理解这一件事。例如，阿瑟将生物进化和技术进化进行对比，就不能简单地说二者像或不像，而是要论证二者之间的相同和差异是如何形成的。

第三，论证应当基于理性，而非个人。如果你在一个读物中发现作者刻意回避对自己不利的论据，只选取对自己有利的论据，该读物的可信度自然会大打折扣。我们通过归纳、演绎和辩证，很容易发现这种漏洞。

《哈佛商学院判断与决策心理学课》一书提出了"常见的12种认知偏差"。其中提到，在潜意识中，我们会为已经做出的决策寻找更有利的论证方式。比如一个人买了一台车之后，在搜索同型号车的相关信息时，会刻意寻找与车的优点相关的内容，如省油，而会忽略车的缺点，如刹车不够灵敏。同样，在任何争端中，双方都确信自己一方有理有据而且道德优越，同时认为对方冥顽不化或不可信赖。实际上，不同意或批评别人，也不能证明你比对手更聪明或更高尚。恰如语言学家安·凡墨（Ann Farmer）的名言："不要证明自己对，而要弄清什么是对的。"如果作者陷入非黑即白的二分法，甚至将论证基于对个人的道德评价，那么这样的书看似复杂，其实是故弄玄虚。

给知识穿上人性化的外衣

剥洋葱法主要从理性入手降低输入的难度，形象法则从感性角度完成这一任务。

人的大脑很神奇，事情千头万绪时，我们对形象化的事情记得更清楚；在阅读时，我们也会把文字转化为形象。对大多数人而言，左脑主管抽象思维，发挥写作、语言、句法、阅读、音素译码、命名、识别字母等触觉识别与抽象思维功能；右脑是形象思维中枢，发挥空间定位、定向、感知音乐、辨识颜色、空间概括、形象思维和情感色彩处理等功能。左脑与右脑的功能虽然存在一侧优势，但绝非绝对分离。在特殊条件下，二者还会发生机能代偿或动态变化。人的认知功能是左右脑协同活动的结果。当我们将知与行视为一体时，首先要将左右脑训练视为一体。

许多超级学习者都是形象思维高手，获得 1979 年诺贝尔物理学奖的美国学者格拉肖（Glashow）曾指出："涉猎多方面的学问可以开阔思想，像抽时间读读小说、逛逛动物园都有好处，可以帮助我们提高想象力，这同理解力与记忆力一样重要。假如你从来没有见过大象，你能想象出这种奇形怪状的动物吗？我这样讲，有的人可能会感到奇怪。但是在我们研究物理问题时，往往会用到现实世界的各种形式。对世界或人类社会的事物形象掌握得越多，越有助于抽象思维。"

形象思维与抽象（逻辑）思维不同，后者对信息的加工是首尾相接、线性进行的，前者则可以调用许多材料，一下子合在一起形成新形象，还可以从一个形象跳跃到另一个形象。对信息的加工过程并非系列的，而是平行的，便于思维主体迅速从整体上把握问题。当我们说一本书的内容枯燥乏味时，多半是因为它只有抽象思维，缺乏形象思维。

形象化的第一个方式是给知识穿上人性化的外衣。

拆解《技术的本质》一书时，我创造了一个虚拟人物——同事老王。我是这样开场的：

最近，同事老王应邀做一场关于科学和技术的演讲。他要在演讲中谈谈自己对技术的理解，以及技术与经济的关系。关于这个主题的演讲，他做过好几次了，本以为万无一失，没想到被一个观众问得下不了台。那位观众站起来问："技术到底是什么？"

这个看似普通的问题让老王陷入沉思，他发现自己能说得清某一项具体的技术原理和使用方法，但关于技术到底从哪里来，技术的本质是什么，却知之甚少。就好比自然科学家虽然拥有详尽的知识，但还是不太清楚动物从何而来，动物局部的进化和改变是如何发生的。面对技术，人类也处于同样的境地，技术到底是什么？技术又是如何进化的呢？只有回答了这些基本问题，才能理解历史上重大的技术变革和未来技术创新的增长点。

接下来的每一部分，我都用"同事老王有一个烦恼"开头，推动课程的进展。这本以复杂著称的书，变成了只有 150 分钟的课，过程中没有人低头看手机。

展现，而非讲述

我们不一定必须通过虚拟形象体现形象化，也可以从细节入手。大家可以读一读美国作家盖伊·特立斯（Gay Talese）所写的《被仰望与被遗忘的》中"纽约：被忽视之城"一节。特立斯被誉为"20 世纪最伟大的非虚构作家"。我们每天都生活在城市当中，但在特立斯之前，没有人如此打量城市、写作新闻，这篇文章的开头是这样的：

> 每天，纽约人要喝下 46 万加仑 ① 啤酒，吃掉 350 万磅肉，用掉 21 英里 ② 长的牙线。在这座城里，每天有 250 人死去，460 人出生，15 万人戴着玻璃或塑料假眼行走。

这是一部纽约交响曲，特立斯描述了那些面目模糊的人潮中不为人知的奇闻趣事，比如俱乐部门口的擦鞋匠、高级公寓的门卫、公交车司机、大厦清洁工、建筑工人。他们都像大明星一样受特立斯尊重，因为特立斯以同样的好奇心对待他们。

这种描述几乎没有使用任何技巧，只是把细节的白描组合到一起。我们可以做一个小作业，以此锻炼一下自己通过细节输出的能力。认真读一下这篇文章，模仿写一个《北京猎奇》《青岛猎奇》《唐山猎奇》，或者其他任何一个城市的猎奇都可以。

我们还可以练习描述一个放在茶几上的橙子：从窗户里看去，看到了橙子的表面凹凸不平，光射到这些凹凸里，形成了不同的阴影。橙子和茶几的接触面呈现一条曲线，黄色的橙子和白色的茶几色彩形成对比。你可以想象一个橙子的皮很薄，可以用手轻松剥开，纤维粗得可以从果肉里抽出来。当你能把一个不存在的橙子说得让听众垂涎三尺，证明你的简化力已经修炼成功了。

如果你的阅读材料没有这么多细节，那么要靠脑补。这样你既能记得牢，又能讲得出。正如《技术的本质》中提到了一个观点：

---

① 　1 加仑 =3.7854 升。

② 　1 英里 =1.6093 千米。

新原理也很难取代旧原理。这是因为一般采用新原理往往会改变技术结构和组织，这样就会造成成本过高，出于经济的考虑，人们通常不会用它。

然后，书中有一个例子：

1955 年，经济学家马文·弗兰克尔就发现，英国西北部兰开夏郡的棉纺厂没有像美国同行那样采用更先进、更高效的机器。因为新机器很重，如果安装它们，那些安置旧机器的维多利亚时代的砖结构就得被拆除。

这只是一句话，但是通过查阅资料，我把它变成了一个细节充沛的故事。兰开夏郡的天气怎样、维多利亚的砖结构是怎样的、工人当时的工作状态等，我把听众带进了充满了噪声、汗臭和机油味的老式工厂，仿佛看到有工人正在眼前走动，而自己也充分理解了这个知识点。

人性化的特点在于具体化。物质材料是表达的生命，一段讲述具体事物的话，比充满了轻飘飘、抽象说教的话更令人记忆深刻。当你能说得令人身临其境，一定也能写得打动人心。大家肯定看过很多描写爱情的作品，但很难留下刻骨铭心的印象，而张爱玲笔下的爱情，是热牛奶上的白沫、是半块肥皂、是炭火盆，让人觉得是活生生的。在《倾城之恋》里，她描写范柳原和白流苏到了浅水湾，看到路两旁的野火花树，一路烧过去到天空，红得不能再红。

当你专注于具体的东西，而不只是关注思想时，说话就变得简单了；当你把要说的文字变成形象，阅读就变得简单了。请大家记住六个字"展现，而非讲述"，这是初学者的秘籍，我们要努力寻找生活中那些具有启示性的细节。我和同事做过一个练习，口头描述共同搭乘电梯的一位男士。我注意到了几个关键细节：他从兜里掏出一张纸，手指垫着纸按电梯按键。他手上拿着一个筷子盒，看起来他习惯于自带餐具就餐。这些细节都说明他是一位注重个人卫生甚至有洁癖的人，但他的皮鞋上明显蒙着一层灰尘，衬衣的领子上看起来也有污渍。这种反差是如何形成的？如果将背后的内容写出来，可能就是有趣的故事。

怎样避免削弱形象化的坏习惯

不管是文字表述还是口头表达，都容易犯五种错误，它们会瞬间破坏形象感，是简化力最可怕的对手。对于这样的表达，输入时，我们要绕着走；输出时，我们也要规避类似的坏习惯。

1. 陷入专业自恋，混淆了自己的专业领域和写作主题

2021 年 3 月 30 日，张一鸣在字节跳动九周年的年会上有一个演讲，讽刺互联网黑话太过官僚，提醒员工不要患上大公司病。当时他引用了一段报告：

底层逻辑是打通信息屏障，创建行业新生态。顶层设计是聚焦用户感知赛道，通过差异化与颗粒度达到引爆点。交付价值是在垂直领域采用复用打法达成持久收益。抽离透传归因分析作为抓手为产品赋能，体验度量作为闭环的评判标准。亮点是载体，优势是链路。思考整个生命周期，完善逻辑考虑资源倾斜。方法论是组合拳达到平台化标准。

这里的每一个字你都认识，但组合到一起，即使互联网从业人员，也很难读懂。

史蒂芬·平克在《风格感觉》中，指出克服知识的诅咒或许是优秀作者进行清晰表达的前提。一位物理学家理所当然地认为，所有人都知道什么是夸克；一位骨科医生也理所当然地认为，所有人都知道半月板的具体位置。但别忘了，你的常识对别人来说可能就是知识。这种"理所当然"的行为就是专业自恋——他们常常忘记课是拆给谁听的。

例如，有一篇文章如此开头："近年来，越来越多的心理学家和语言学家把注意力转向了儿童语言的习得上，本文将评述这一领域近年来的研究。"

事实上，没有人关注心理学家和语言学家的注意力，真正从用户角度出发的表达是这样的："小孩子不用专门上课就能获得说一门语言的能力，他们是怎样做到的。"

《技术的本质》一书虽然有些艰涩，但布莱恩·阿瑟在写作中还是力避"知识的诅咒"，它采用了大量我们更熟悉的案例和比喻，例如：

> 当建筑师设计一个新的办公大楼时，从视觉和结构上考虑，他们可能选择玻璃-钢架的组合而不是花岗岩，他们会在含有不同特性材质的"调色板"中进行选择，我们将这种"调色板"称为域。

为了解释"域"这个新创造的概念，阿瑟先引入了建筑师的案例，又代入了"调色板"这个能产生直观联想的比喻。

2. 喜欢用引号做自我辩解

自我意识过强的作者还有一个坏习惯，就是经常使用引号，以让自己说的话与自己保持距离。例如这句：老王是公司里的"少壮派"。这里的"少壮派"加了引号，其实根本没有必要。加引号不过是谨小慎微，告诉读者"我描述得可能不那么准确；但没关系，我已经加了引号"。这其实是排斥一个词指代一样东西的可能性。

引号的合理用法有两种：一种用于直接引语，如老王说"我是公司里的少壮派"；另一种用法是指，这个词用在这里并不是它的本来含义，如老王是这个公司里的"少壮派"，尽管他已经 50 岁了。这其实是讽刺公司管理层的年龄偏大。但是，如果在一种表达中不带上自我辩解的引号就不舒服，那么多半是因为就不该用这个词。

3. 用模糊的语言做缓冲垫

这些缓冲垫包括：几乎、可能、部分、主要、大概、相对而言、比较、在某种程度下等。我们可以检查自己写过的文字是不是充斥着大量这样的缓冲垫。缓冲垫多了，形象感自然就模糊了。

一个人养成模棱两可的习惯，主要是为自己开脱。他们期望，如果批评者挑错，这样做能够让自己免于责任，或者至少减少指责。特别是很多刚入行的新闻工作者，由于担心引起诉讼，文章中到处能看到"据说""据报道"，实际上，这仅仅是自我安慰。如果别人想挑文章的毛病，即使文章中充满了缓冲垫，也没用。

有时除了缓冲垫，别无选择。在这种情况下，最好为陈述加上限制条件，说清楚哪种情况下该陈述不存在，而不是总想着给自己留条后路，或者对自己的真实意思含糊其词。如果你想说"吃西蓝花并不能防癌",又觉得这种表述过于绝对化,就应该查阅资料后如此表述:"西蓝花等十字花科植物中常存的 3–吲哚甲醇(I3C)能有效遏制癌症的发生及发展,不过每天要生吃 6 斤才能起到效果",而不是写"吃西蓝花不一定能防癌"。

4. 不假思索地使用陈词滥调

把书拆成课,课就是听众了解这门知识的窗户,它不应该只是一堆文字。如果我们使用千篇一律的套路或四字成语,就如同演员僵硬的表演。假设你这样讲《创业维艰》一书:"同事老王在创业路上迈出了第一步,但并不能稳操胜券。因此他兵来将挡、逆来顺受、保持乐观,但这知易行难。"你对这句话有什么感受?

我们要像避免瘟疫一样避免陈词滥调。当读者被迫读了一个又一个陈腐的成语,他就无法将所读的文字转换成心中的形象,用了陈词滥调,就等于关闭了读者的视觉大脑。

一个人很难完全不用成语,但好的转述者会找到新鲜的比喻,以此确保听众感官皮层保持兴奋。你怎样描写一个人的腿修长?在查尔斯·狄更斯(Charles Dickens)的描写中,一位男子的腿长到"他像是别人午后的阴影"。我在很多场合做过一个造句游戏:"创业像什么?"有人说创业像爬山,有人说创业像取经,还有人说创业像生孩子。这些都无所谓对错,但是,我听到的最具冲击力的比喻来自埃隆·马斯克(Elon Musk)。他说,创业就像是一面嚼着碎玻璃,一面凝视深渊。一种满嘴被刺得鲜血淋漓、看着深渊想逃离又想跳下去的画面感扑面而来。

5. 过多地使用形容词

过多地使用形容词，你拆出来的书就会消耗掉生气。写作中有一个口诀：名词比动词好，动词比副词、介词好，形容词最不好。这种说法过于绝对化，但是大量堆砌形容词，确实会显得内容空洞、逻辑混乱。你看："枯藤老树昏鸦，小桥流水人家，古道西风瘦马。夕阳西下，断肠人在天涯。"作者用了12个名词，就把一幅画面展现在你的眼前。

有一些用来表示强调的词，如"非常""高度""极为"等，它们不仅模糊了表达，还削弱了作者的意图。通常，未经修饰的名词被理解为绝对性的，谁会说"我非常爱我的女儿"呢？说"我爱我的女儿"就已经能恰当地表达这个意思了。

如果你所拆的书本来就不易理解，那么犯了这些错误，拆成的课就会更令人费解。这时，你需要一张禁令清单。有了这张清单，你在阅读时就知道应该远离哪些内容，并知道如何让拆出来的课不但入耳，而且入心。

本章核心内容

1. 知行力既是轻盈的，也是开放的，不要拘泥于某一种学习方式就是最好的。

2. 简化不是简单，唯有真正的高手，才能做到大道至简。我将简化力分解为输入过程中的剥洋葱法与输出中的形象法。

3. 剥洋葱，从物理上看是从外向里剥的行为，但在拆书过程中，却需要先抵达内核，然后反过来逐层剥开。

4. 辩证法虽然好，但如果脱离了演绎法与归纳法，只用辩证原则去看待事物，也容易陷入虚无主义，难免觉得一切都是暂时的，都是错误的。演绎法、归纳法与辩证法，构成了一套完整的推理体系，我们要予以综合运用。

5. 任何语言和文字都是沟通的媒介。我们借助媒介了解共同的主题，而不用执着于媒介本身。当你综合应用归纳法、演绎法和辩证法时，那些复杂的概念就会卸下文字上的伪装，呈现本来面目。

6. 判断论证质量的三个标准：一是作者能否保证论证有理有据；二是要谨防虚假二分法；三是论证应当基于理性，而非个人。

7. 左脑与右脑的功能虽然存在一侧优势，但绝非绝对分离。在特殊条件下，二者还会发生机能代偿或动态变化。人的认知功能是左右脑协同活动的结果。当我们将知与行视为一体时，首先要将左右脑训练视为一体。

8. 当你专注于具体的东西，而不只是关注思想时，说话就变得简单了；当你把要说的文字变成形象时，阅读就变得简单了。

思　读　讲
悟　省　写
学　问　行

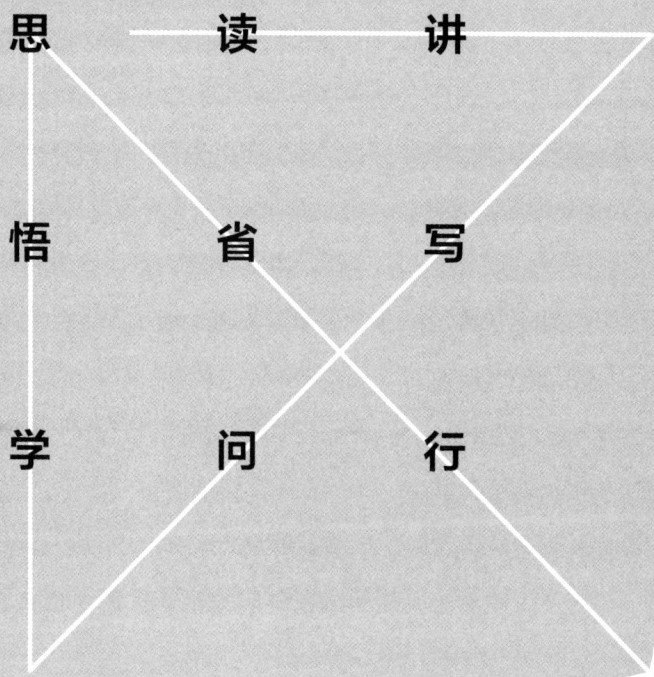

故事
由行而知

　　由行而知，并非只是从实践再到理论知识，所谓"知之真切笃实处即是行，行之明觉精察处即是知"。行要到"明觉精察"的境界，本身就是知。本篇三章中将讲故事作为由行而知的抓手，我们的所看、所听、所想、全部行为都可以变为故事。故事既可以用来承载知识，又可以用来触发新行动。故事是提升知行力必不可少的支点。

本篇讲"由行而知"。

教育思想家陶行知，本名陶文濬，后因欣赏王阳明的"知行合一"，改名为"陶知行"，后来深感传统教育之弊，把读书、听讲当成知识唯一来源，习之既久，学生就"不肯行、不敢行、终于不能行，也就一无所知"。他赞成美国实用主义教育家杜威"教育即生活，学校即社会"的观点，"自从亲自到民间打了几个滚后，才觉得我们有好多主观的意见都是错的，没有效验的"。因此，他改名陶行知，把行（作）为知识的重要来源，即创造的基础。

我们可以从另一个故事来理解何为"从行到知"。如果你的公司有员工表演积极工作，那么你会怎么想？多数管理者会觉得这样可不行，一定要改变这种风气。华为创始人任正非却不这样理解，在《以奋斗者为本：华为公司人力资源管理纲要》中，有一条任正非语录："高薪不能养廉，要靠制度养廉。如果员工假积极了一辈子，那就是真积极。所谓假积极就是因为制度制约了他，虽然在制定流程过程中难免存在经验不足的问题，但是如果不采取这种权力下放再制约的推动，我们就永远建立不起有效的管理体系。"

"假积极"，是行也只是知，最初是在表演，也知道自己是在表演，但表演到最后，既是知也是行。行动上变得积极，思想上也接受了积极的价值。

这当中，故事正是"从行到知"的抓手。

第四章

共鸣力：直指人心的技巧

共鸣是故事的灵魂。在阅读时，我们感动于他人的悲喜；在说话时，我们理解他人的想法；在写作时，我们唤醒他人的情感。只有把那些具有共鸣的"行"转化为有共鸣的"知"，才具备直指人心的力量。

故事与知行力的关系

你的所看、所听、所想、全部行为都可以变为故事。故事既可以用来承载知识，又可以用来触发新行动。如何讲故事是一项重要技能，它综合了情商、教育、娱乐、神经系统科学的沟通策略。这种技能也可以广泛应用于家庭生活、日常工作、商务谈判、营销策划等各种场景。在信息碎片化、大爆炸的时代，我们要有意识地把信息转换成大脑容易接受的形式来理解。为什么短视频这么火？因为它能在 1~3 分钟给用户一个或感动、或有趣、或悲伤的故事。虽然用图文也能讲故事，但它依然需要用户对信息进行解码。

故事是提升知行力必不可少的支点。备受尊敬的好莱坞剧作家罗伯特·麦基（Robert Mckee）在他的经典之作《故事：材质、结构、风格和银幕剧作的原理》中写道，故事存在于我们的日常生活，幼时的童话、长大的八卦、翻过的报纸、看过的书刊，都是故事；与此同时，我们本身也是故事，每个人都是自己故事中的主角。我们生活在故事中，也在塑造故事，故事是人生的设备，从不缺席。

在《人类简史》中，尤瓦尔·赫拉利（Yuval Harari）把讲故事上升到"使我们在进化历程中脱颖而出"的新高度。合作是人类实现自身超越的秘诀，但为什么动物不能做到大规模合作？在认知革命之后，传说、神话、神以及宗教应运而生。不论人类还是许多动物，都能大喊："小心！有狮子！"但认知革命之后，智人就能够说出："狮子是我们部落的守护神。""讨论虚构的事物"正是智人语言最独特的功能。然而，"虚构"这件事的重点不仅在于让人类能够拥有想象，更重要的是可以"一起"想象，编织出种种共同的虚构故事。

由此可见，故事既非"纯知"，也非"纯行"，而是知与行之间的桥梁。现代人一直投入大量的时间与精力将情感排除在决策之外，但缺乏情感的决策往往无法发挥作用。故事思维不是要把情感重新强加在理性决策之上，而是让我们学会使用在人类诞生开始就长久存在的情感。

其实，我们每天都生活在故事中，每天也都在和别人讲故事。小到你出门时看到一只鸟，大到公司要上市了，都是故事。你可以找到有关你是谁，你珍视的、反对的、宣扬的故事，以及你对他人内心想法的故事，只是你还没有意识到自己的故事有多么重要。

王阳明是一位讲故事的高手。除了从事政治活动与学术研究，他一生的主要工作是讲学。与许多大儒不同，他讲学的风格活泼、洒脱，也善于使用故事、案例和比喻，而不是硬讲道理。

1515 年，王阳明在《寄李道夫》一信中写了这么一句话："故凡居今之时，且须随机导引，因事启沃，宽心平气以熏陶之，俟其感发兴起，而后开之以其说，是故为力易而收效溥。"

这句话的大意是：今天我们在教育别人时，必须懂得适当地引导，通过某一件事启发对方，并以宽容与平和的心态去熏陶对方，等他有感触时再讲道理，这样就能起到事半功倍的效果。

黄宗羲在《明儒学案》中大量记录了关于王阳明"故事教学法"的案例。

例如有一天，王阳明和门人讲"廓然大公，物来顺应"，大家觉得难以领悟。他就带着门人去田野游玩，看到农民之妻送来食物，农民自然而然地吃完食物，妻子把碗筷收走了。王阳明说：这便是大公顺应。大家说这太简单了。王阳明解释道：这叫日用而不知，若有事恼起来，便失这心体。这是充分肯定每个普通人日常生活的价值，而不是将大道与普通人的生活分开。

王阳明并非简单地用故事来说明道理，而是带着门人到现场，用情境中的现实故事来答疑解惑。

逻辑可以影响你的大脑，故事才能捕获你的心，由行而知有无数方法，在中篇，我们将"故事"作为一种通道。关于讲故事的技巧与方法，可以成为一本独立著作，在此我们仅从知行力的角度，提炼如何打造最相关的故事能力。

如何通过故事制造共鸣呢？

共鸣的接近性原则

只有靠近了，才能产生共鸣。共鸣的接近性原则，可以分为地理接近性与心理接近性。

地理接近性非常直观。人们从新闻上看到一个遥远的国家发生了海啸，虽然也很关心，但并不会因此感到恐慌。但是，如果听说距离自己所在城市不到

300千米的地方发生了轻微的地震，即使没有人员伤亡，也会如临大敌。地理接近性会造成同样的影响，对于不同的受众而言，可以形成不同的共鸣值。在某些情况下，地理接近性决定了内容价值的大小。

心理接近性来自心理上的价值认同或价值反对，它包含怜悯、恐惧、厌恶、关心等情绪。"饭圈"文化，就是心理接近性的衍生，它是对偶像模仿、崇拜与个人投射所产生的青春期伴生物。

从地理位置上看，有些国家距离我们很远，但特殊时间段内发生的灾难，会使人们产生"同命运"的感受。这是因为他人的苦难唤醒了我们的深层记忆。地理上的共鸣和心理上的共鸣有时会相反。同样一条知识，从地理接近性上看会觉得毫无价值，从心理接近性上看，又觉得非记录不可。

寻找共鸣点，有利于把握故事的核心意思。有些金句需要反复咀嚼，有些知识点又隐藏在字面之下，只有产生共鸣，才会加强对内容的理解。美国学者肖恩·埃利斯（Sean Ellis）和摩根·布朗（Mogan Brown）共同创作了《增长黑客》一书。书中提及，在人口红利慢慢褪去、互联网流量红利马太效应日趋显著的情况下，初创企业需要从粗放式增长向精细化运营转变。书中还提供了一套非常实用的增长模型——AARRR[①]。这一模型主要展示了企业如何获客、激活、留存、变现。

对中国移动互联网从业者而言，这套理论非常实用，但书中引用的故事大

---

① AARRR 是 Acquisition、Activation、Retention、Revenue、Referral 这五个单词的首字母缩写，分别对应用户生命周期中的 5 个重要环节：用户获取、用户激活、用户留存、获得收益和推荐传播。

多来自海外的公司，距离中国用户有些远。因此，拆此书要产生共鸣，就要按照地理接近性原则，寻找我们更熟悉的本土案例，如字节跳动、美团、拼多多怎样成为增长黑客的。这样才能更好地理解书中的精髓。

共鸣，是一杯酒浇很多人的块垒。读一个好故事时，你总是能从多个方面产生共鸣。例如，著名作家威廉·毛姆（William Maugham）笔下的人性纷繁复杂，每一个人都很立体。我们讲过剥洋葱法，毛姆描写的人物像裹了一层又一层的洋葱，只有找到共鸣点，才能一层层剥开。在毛姆的小说《月亮和六便士》中，思特里克兰德先生在 40 岁时放弃稳定的工作、幸福的家庭，带着为数不多的钱前往其他城市实现画家的梦想。这个人看起来很不靠谱。思特里克兰德夫人和其他女性不同，既不抱怨丈夫，也没有做一个怨妇，而是卖掉家具、学习打字，找到有生以来的第一份工作，这算是充满了正能量。

但是随着故事的展开，你会发现，正是因为她对丈夫的强势控制，将对丈夫的支持视为自我牺牲，然后不断地提醒对方她本可以幸福完美的人生被丈夫毁了，思特里克兰德才选择了另一种生活。后来她出于好胜心，编造了一套丈夫有艳遇的谣言。此刻有一个能引发共鸣的金句：如果是私奔，他早晚都会厌倦，她也能原谅他，如果是为了一个理想，那么一切都完了。她可以是一个女人的对手，却不是某种观念的对手。

她的丈夫死后声名鹊起，就像梵高一样，虽然思特里克兰德夫人连丈夫的一幅作品也没有，而且不懂欣赏，更不明白丈夫绘画的心路，但这并不妨碍她接受自己要为亡夫负责的角色，成为出版商和传记作家的座上宾。死去的思特里克兰德先生还是要由她来贴标签。

随着故事的展开，我们能一层层地发现隐藏在深处的思特里克兰德夫人。不断品出新味道，人性本来就深邃如大海，难以把每个细微之处都摆在字面明处。只有找到不同层面的共鸣点，才能成为懂故事和讲故事的高手。

"反共鸣"比"共鸣"更有价值

并非与自己想法完全一致才算共鸣，我们也可以巧用反共鸣法则。如果读过一个故事，觉得感同身受，虽然也会令自己心情愉悦，但往往也代表此次阅读并没有给你带来新东西。相反，如果一篇文章颠覆了之前的想法，令你的认知发生动摇，做笔记、重读和引用时仍然会让你信服或感觉震撼，这种认知会更有价值。

"共鸣"并非"共识"，"反共鸣"比"共鸣"更有价值。某次在与清华大学心理学系教授彭凯平先生交流中，他谈到，某种程度听到不同的意见与信息具有更重要的价值。这并非基于猜测或心灵"鸡汤"，而是经过严谨的心理学定性与定量研究。他发现，相同的意见令人更自信，不同的意见令人更智慧。一些知名大学的教授在组织学生在课堂上讨论问题时，都会鼓励学生找两三个意见完全不同的人参与，而且参与者都要极其理性，不会为了反对而反对。这样就能让学生根据不同看法最后得出自己的独立判断。

人听到与自己不同的意见时，自然而然地会产生情绪反弹。柏拉图有一个著名的洞穴隐喻，一些囚徒从小就住在洞中，全身都被绑着，不能走动也不能转头，只能朝前看着洞穴的墙壁。在他们背后上方，燃烧着一个火炬。在火炬与囚徒中间有一条路和一堵墙。囚徒所看到的，只有投射在面前墙壁上的影像，而且他们错将这些影像当作真实的东西。

终于，有一个囚徒被解除了桎梏，他站起来环顾四周并走出了洞穴，发现自己之前所见全是假象，外边是一片光明的世界。

他再也不愿意过之前那种黑暗的生活。但是当他回到洞中时，那些同伴不仅不相信他的话，反而觉得他的脑子坏了，无法像过去那样辨识"影像"了。他们不想离开已经熟悉的洞穴，将这个人痛骂了一顿。

这些洞穴人就是拒绝反共鸣的典型。彭凯平对"洞穴隐喻"进行了延展：你怎么知道洞穴外的世界就是真实的世界呢？说不定是一个更大的洞穴。人只有进入更广阔的世界，才能对过去的世界做出判断，如果拒绝反共鸣，就会一直待在洞穴中而不自知。

我们可以通过故事培养自己和团队的反共鸣能力。在《穷查理宝典》中，芒格有一个核心底层逻辑：反着想，总是反着想。这种解决问题的方法和大多数人在生活中使用的方法截然相反，这也是一套"避免犯傻"的体系。他经常用"反着想"的故事，启发身边人进行思考。

他的女儿回忆，利用反面教材是芒格的特长。他特别喜欢讲那些结局很悲惨的故事，而且所讲的故事非常极端、非常可怕。每当他讲完之后，孩子会一边尖叫一边大笑，"就描绘各种悲惨后果和教导我们能够从这些后果中吸取什么教训而言，爸爸是无人能及的。"

芒格曾经开玩笑说，他想知道他会死在哪里，这样他就不能再去那里了。他还讲过这样一个故事。

他常给家人出些小难题，有一次出了这样一道题："在美国有一项运动，是一对一的比赛，并且有全美冠军。有一个人在相隔65年的两次比赛中都拿了冠军。现在，请说出这项运动的名称。"

在芒格的儿子中，有一位是物理学家，他受芒格的耳濡目染，思维方式很敏捷，立刻给出了答案。他是这样推理的：这是一项不可能需要手眼协调的运动，没有人能在85岁赢得全美台球联赛。也不可能是国际象棋，因为这项运动有复杂的规定，而且对耐力也有相当高的要求。这时，他想到了跳棋。他发现，即使是85岁的高龄，只要你拥有丰富的经验，就能在这项运动中表现不俗。

毫无疑问，这就是正确的答案。

从物理学角度看，共鸣需要一定的腔体，这是产生共鸣的决定因素。只要有声源和空气，声音就可以传播，但很难形成共鸣，因为共鸣需要一定的空间。我们可以将此概念平移到认知能力上。我们经常说，认知水平高的人有更广阔的胸怀或者空杯心态，这其实也是看不见的"腔体"。只有掌握了反共鸣法则，才能不断地扩大"腔体"。

共鸣力如何影响知与行

不管单独交流还是公共演讲，讲故事的一个重要目的是说服，相比获取信息与解释问题，说服的挑战更大。灯塔知行社第五期社友苏鹏的公司现金流压力很大，他需要通过在内部讲故事的方式告诉员工，大家正在从事的是一项伟大的事业，尽管短期内举步维艰，但肯定拥有广阔的发展前景。这非常具有挑战性，因为苏鹏在建构新思想之前，首先要打破旧观念。他所要打破的旧观念是，认为公司快倒闭了的想法是短视的，而打破旧观念之后，他还要重建更加美好的企业愿景。

说服并非通过某种超能力让别人改变想法或意愿，它是一项综合能力。很多人以为说服主要靠事实，也就是"我说得对"，这是个很危险的想法，可能会陷入僵局：即使你说得全部正确，但双方在情绪上处于对立状态。

真正的讲故事高手，开口之前就应该体会到，通过讲故事说服别人，其核心是尊重别人的选择权，而以具备共鸣力的故事来影响行为，进而重塑认知，可以从建立"我们"的联想开始。

美国著名社会心理学家罗伯特·西奥迪尼（Robert Cialdini），曾提出一个基础性观点：大脑的运作从根本上源自联想，正如氨基酸是生命的积木，联想就是思维的积木。[①]我们反复强调"读、讲、写"必须坚持一元化训练才是知行力，是因为如果没有广博的知识，脑袋空空，联想就难以产生。

2021年9月，我去青岛出差。飞机起飞时，邻座的一位女乘客想要一条毛毯，但乘务人员一直没有给她拿来。我明显地感觉到这位女乘客有点着急了，这时有位空姐过来了。我听到她对这位乘客说："我觉得他们的安排也特别不合理，这个航班上只备了五条毛毯，我马上紧急去调一条。现在地面接了空调车，起飞后就不会冷了。"我们分析一下这几句话就可以看出其中的技巧。第一句唤起同理心——我也觉得"他们"的安排特别不合理，自己首先和乘客站到了同一个阵营；第二句拿出解决方案；第三句给出预期，乘客马上就消气了。

巴西小说家保罗·科埃略（Paulo Coelho）说过一句很有意思的话：原罪不在于夏娃吃了禁果，而在于如果她不和亚当分享这项发现，她就会很孤独。没有沟通的共鸣，就失去了灵魂，夏娃与亚当分享，就是为了建立"我们"的感受。

为什么会"脑补"故事

共鸣可以产生联想激活。所谓联想激活，是指大脑处理某个概念时，与这

---

① 罗伯特·西奥迪尼.先发影响力 [M].阎佳，译.北京：北京联合出版公司.2017：124.

个概念有关的其他概念会跟着活跃起来。比如你想考驾照，大脑就会自动联想到驾校和汽车。

当我们训练自己的大脑用故事思考时，就很容易产生联想激活。联想激活的前提是，我们能够让自己大脑从图片、图表、度量衡和电子表格中脱离出来。这些用来总结的工具是阻碍我们想象的罪魁祸首，而故事给了我们自行总结的自由。

2016年曾有一张广为流传的照片，照片中的任正非拉着行李箱独自在上海浦东机场等出租车。这张照片看起来平平无奇，像素还很低，没有任何情感要素，但最后却成了一场传播事件。网友开始"自省总结"各种画面：华为为什么这么牛？你看任正非70多岁了，还频繁出差，拎包就走，没有秘书、没有司机。任正非的名言是，脸要对着客户，屁股要对着领导。他自己不就是在践行这种价值观吗？据估计，这张照片给华为带来的品牌价值超过1亿元。而这一切都是大家对一张照片的故事化解读自发形成的。

这就是所谓的脑补。联想激活还会脑补出错误的记忆共鸣。英国心理学家霍普伍德（Hopwood）为了研究人的记忆，曾创建"虚假记忆档案"。他请公众匿名提交了虚假记忆。一个人提供了这样一段回忆："1979年，我出生在澳大利亚，1980年和家人一起搬到了英国考文垂。我一直在那里长大，我有一段记忆，五六岁时被妈妈抱着，经过考文垂大教堂。那时，大教堂正在重建，到处都是脚手架。"

这段记忆听起来合情合理，而且细节丰富，可信度很高，但回忆者后来否定了这段记忆。他说，当他成年后，返回考文垂看到大教堂时，马上就对这个记忆产生了质疑。因为他搜索考文垂大教堂的信息时发现，这座大教堂是在1951年开始重建的，1962年就完工了，比他出生的时间早了整整17年。

回忆者之所以会产生虚假记忆，是因为大脑接收信息时发生了联想激活。回忆者非常熟悉考文垂大教堂，但教堂早就被炸毁了，所以他知道大教堂肯定要重建，而修建时，肯定少不了脚手架。这些信息综合起来就让他产生了联想，形成了虚假记忆，以为亲眼看见教堂的修建。

最能引发行动的共鸣都与"自我"有关

最能引发共鸣的就是"自我"，如果你和一个陌生人第一次交流，发现你们曾有类似的职业经历、共同的朋友、来自同一个地方、出生在同样的年份，甚至名字的谐音接近，这些都会拉近彼此的亲近感。

2017 年，麦当劳的母公司把中国区麦当劳商标和 20 年经营权卖给了中信股份、中信资本和凯雷投资集团。新"东家"做的第一件事就是把公司的名称从麦当劳（中国）有限公司改成了"金拱门（中国）有限公司"，意在让中国人产生共鸣。

如果将时间向前推，可口可乐（Coca-Cola）才是通过名字唤起共鸣的高手。1927 年，Coca-Cola 刚进入中国，直译为"蝌蚪啃蜡"，这让人联想到"味如嚼蜡"，因此它的销售业绩十分惨淡。随后，公司在英国登报，以 350 英镑奖金征集中文译名，之后便有了"可口可乐"这个中文名。

2011 年开始，可口可乐在包装上玩起了新花样。每到 4 月，快要进入夏季的时候，它会推出"名字瓶"。在 5 款可口可乐的产品包装上，印上 1000 个所在国常见的名字，其中包括 200 个姓氏。可口可乐最先在澳大利亚市场启用了这个创意，然后拓展到全球 100 多个国家和地区。加了名字这样带有个人属性的元素，大大加强了当地人购买并分享可乐的欲望。从数据上看，推出"名字瓶"之后，即使是在美国这样成熟的市场，可口可乐的销量也于 2014 年增长了 11%，到 2015 年还延续有 4% 的增长。

示弱式情感连接

唤起共鸣的一个常用方法是"示弱"。示弱不是为了博取同情，而是使用户感觉我们都一样。当演讲者是一位大家公认的强者时，示弱反而会让他显得更具说服力。

2021 年 8 月 10 日晚 7 时 30 分，小米公司 CEO 雷军发表了题为"我的梦想，我的选择"年度演讲，当晚便在各大短视频平台及众多媒体上广为传播。作为一场发布会，雷军的目标非常明晰，即"说服用户认同小米即将发布的新产品"。这本来很容易引发质疑和反感，但他巧妙地通过示弱，建立了小米公司与用户之间的情感连接。

从选材上看，雷军选的是"小米创业以来最艰难的 10 个选择"，讲"最艰难的故事"，意味着不是分享自己的高光时刻。高光与至暗都能获得掌声，但高光时刻会令人羡慕、嫉妒，至暗时刻才能引发情绪共鸣。

但示弱并非真弱。当业务越强时，姿态越低，示弱才越能获得别人的好感。

雷军曾因"风口飞猪论"遭到了很多批评，后来他对此进行了新的诠释：不是鼓励大家上天，猪就是躺在地板上的人。创业者要有当猪的心态，创办小米自始至终都保持着当猪的心态，公司就不可能被打垮。因为一个躺在地板上的人，不可能被再次击倒。

他本人将这点演绎到了极致，弱势叙事，恰恰是这个时代最好的"铁布衫"。

他在这次演讲中谈到一个"躲进杂货间"和"被投资人像训小学生一样训了一小时的故事"，这些故事简直就是热搜的标题。

可能很多听众不了解什么叫破发，破发就是股票交易价格低于IPO[①]的定价，这意味着所有IPO的投资者都亏了。对IPO来说，这是非常难看的一件事情。当时我们的心里特别特别难受，等仪式结束后还有很多媒体堵在门口，我们几个人谁也不愿意面对这个局面，就躲到了港交所[②]的一个杂物间。

有一个投资者执意要见我，他坐下来只寒暄了几句，就毫不客气地说："你们怎么让我赔了这么多的钱？我真的不知道你们怎么干的？"接着，他从小米的战略到小米的产品，再到小米的管理，把我当小学生一样训了一个多小时吧。不瞒大家说，我当时的衬衣都湿了，会后，我一个人坐在会议室里坐了很久，那一刻特别特别绝望。

这种场面，发生在"草根"创业者身上不奇怪，但雷军也曾如此窘迫。这样的故事，立刻拉近了他与听众的距离。

对成年人而言，有一个不成文却彼此心照不宣的约定：当我们渐渐长大，就要变成一个精准的机器人，表情不能写在脸上。但当我们在熟悉、安全的场

---

① 首次公开募股（Initial Public Offering）是指一家公司第一次将它的股份向公众出售。——编者注

② 即"香港交易所"，全称"香港交易及结算所有限公司"。

景中，不论积极情绪还是消极情绪都可以随性的表达，这种深度交往的开放性才是支撑共鸣的主要力量。

能给听众留下最深、最持久印象的故事大师，都会把听众当成自己的密友，通过释放最愉快和最脆弱的时刻，邀请用户进入自己的体验。

2018 年 1 月 23 日晚，王石在 67 岁生日这天现身水立方，做了一场长达近 4 小时的演讲。他一开始先说自己的弱点，说自己比较羞涩、内敛，紧张的时候会脸红、微微出汗。为了当晚演讲时不出汗，他从早上到上台就没敢喝水。这种示弱，立刻会赢得用户的好感：哦，原来王石这样的硬汉、成功企业家也和我一样。

在讲到人生转折点，讲到他在汶川大地震现场的所见所闻时，他一度泪流满面。当时我也在台下，听着他的演讲，我有一种冲动，想上台给他一个拥抱。喜欢王石的人可能和讨厌他的人一样多，但这次演讲之后很多人对他路转粉，这就是示弱式共鸣的说服力。

调动感官共鸣的意义

要让自己创造的形象具备直抵人心的力量，可以从调动"感官共鸣"入手。故事生动的秘密，就是以调动人的感官体验为基础展开的。感官共鸣是故事里最可靠、最鲜活的诱饵，我们要学会用特定感官体验构建一个故事，让听众获得同样的感受。

如果找一个通过文字就能唤起感官共鸣的样本，那么可以读读德国作家聚斯金德的名著《香水》。一部写"香"的作品，开篇其实全在写臭：

在我们所说的那个时代，各个城市里始终弥漫着我们现代人难以想象的气味。街道散发出粪便的臭气，屋子后院散发着尿臭，楼梯间散发出腐朽的木材和老鼠的臭气，厨房里弥漫着烂菜和羊油的臭味，不通风的房间散发着霉味和尘土味，卧室发出沾满油脂的床单、潮湿的羽绒被的臭味和夜壶那刺鼻的甜滋滋的似香非臭的气味。壁炉里散发出硫黄的臭气，制革厂里散发出苛性碱的气味，屠宰场里飘出血腥臭味。人散发出汗酸气和未洗的衣服的臭味，他们的嘴里呵出腐臭的牙齿的气味，他们的胃里嗝出洋葱汁的臭味……

这段文字有 500 多字，在此没有完整复述，但读者依然可以感觉得到，18 世纪的法国真是臭气熏天。本来一段文字中反复出现同一个字是大忌，因为会显得作者的表达方式很匮乏，但高手就是高手，"臭"在这一段中出现了 10 次，每一次都给人不一样的感受，它调动了读者的全部感官：臭不仅能被闻到，还能被看到、被听到、被触摸到。

外行的叙事者只注重对方的听觉，专业的沟通者则会力图调动用户的所有感官，包括视觉、嗅觉、触觉、味觉等。要想调动别人的感官体验，就要抓住人的六种情绪，即愤怒、厌恶、恐惧、快乐、喜爱与悲伤。我们第五期有位学员为此加上了惊讶，但其实并无必要，因为惊讶是一种稍纵即逝的情绪。假设他"很惊讶"地发现，一个他特别信任的员工居然欺骗他，惊讶就会瞬间转变成愤怒或者悲伤。

"想象一下"

要想启动感官体验带来的共鸣，有一个密码：我们可以在故事里用"想象一下"开头。

有一个著名的 TED 演讲，演讲者是陈珍，演讲的主题是"在发展中国家推广挽救早产儿生命的保育器"。她如此开场："请大家闭上眼睛，伸出双手，想象一下你们手上可以放些什么，一颗苹果，还是一个钱包。现在，请睁开眼睛，如果放一个小生命呢？"当她问到"如果放一个小生命呢"时，幻灯片上出现了一张照片，照片里是一双饱经风霜的手托着一个小婴儿。陈珍要讨论的问题非常抽象，但是通过这种叙述方式，你能感觉到这个小生命的温暖。

当你请别人"想象一下"时，就是在邀请别人启动感官体验。有时"想象一下"会用在结尾，让人们用鼓舞人心的信息去描绘自己的生活，比如："大家想象一下，当你掌握了知行力之后，再和员工沟通时，他们用崇拜的眼神看着你，你心中的喜悦之情；当你和客户沟通时，那种瞬间达成共识的快乐；回到家和老公沟通时，他那惊讶的表情。"

如果在演讲中，你要求观众"想象一下"，就需要给对方一段时间创造一个可视觉化的形象，或者在大脑中搜索合适的记忆。此时应适当留白，以 3~5 秒的时间为宜。

回到前面第五期社友苏鹏所遇到的困扰，如何在公司处于低谷时讲一个鼓舞士气的故事。他没有回避当前遇到的真实困难，而是用"想象一下"作为情绪转折。

　　想象一下，你现在正在交易所的敲钟现场，和你同时入职的大部

分同事，已经在谷底时离开了。而随着一声锣响，你马上就要实现财
务自由了，你准备给自己买的第一份礼物是什么？

要想让故事调动别人的感官体验，讲故事的人首先要对生活抱有热忱，能
够保持好奇心，对现实生活进行探索。这样的话，当你解释概念时，就能够在
脑海中快速找到故事。那些没有勇气探索世界的人，很难理解如何唤起共鸣。

数字、模型以及严密的逻辑都很重要，如果你能让冰冷的知识在用户的大
脑中形成生动的画面，就会收到更好的效果。面对一个复杂的概念，不妨让别
人先想象一下。有一次，我通过网课学习财务，有位老师讲现金流量表。她说：
"想象一下，你请客，聚餐过后，发现厨房里还剩一只鸡。那么，这只鸡是退
还给卖家换钱，还是再买几只鸡留着以后下蛋？不同的选择会导致不同现金的
流动，需要按照不同的会计准则记账，把这些问题统计起来，就是'现金流量
表'"。我一下子就记住了。

如何通过共鸣消除对立

灯塔知行社第五期的一位社友，曾谈到他的一个烦恼：他总是与客户发生
冲突，觉得客户太矫情，客户觉得他的沟通方式太差。

我给他讲了一个故事。

很久以前有一个小村庄，村里唯一可以与外面有联系的路被一只
凶残的怪兽挡住了。很多勇士去和怪兽搏斗，但不管勇士带了多么厉
害的武器，这只怪兽都会使出超过他们武器威力两倍的武器。

　　第一位勇士抢起一根木棍与怪兽搏斗，被怪兽用一根两倍长的木棍打得头破血流。第二位勇士试图用火烧怪兽，被怪兽喷出来的威力加倍的火焰烧成灰烬。第三位勇士挥舞着一把宝剑冲向怪兽，被怪兽用两倍长、更锋利的魔剑砍成了两半。

　　一天，村里一个名叫老王的人宣布，他想出了一个可以消灭怪兽的办法。老王平时脑子不太好用，因此他这么一说，大多数人都嘲笑他，只有好奇心十分重的人和勇敢的人跟着老王一同前往。

　　怪兽在路口展开庞大的身躯，看着老王，向他怒吼。老王拿着一个苹果径直走向怪兽，问它："你饿了吗？"

　　旁观的人都为他的这一举动倒抽了一口冷气。怪兽眯着眼，用鼻子闻了闻苹果，然后优雅地从老王颤抖的手里接过苹果。当它张开血盆大口时，一位女士吓得晕了过去。它高高举起了拳头，所有人都以为老王会被它砸扁。

　　结果，人们在怪兽打开的拳头里看到了两个更多汁、更红的苹果。老王又给了怪兽一罐水，怪兽立刻给了老王两罐子甘甜的水。人们跑回村子里，把这个奇迹奔走相告。

　　他们一起跑来看时，老王正在冲着怪兽微笑，而怪兽也在对着老王微笑。怪兽的微笑充满了善意。村里最愤世嫉俗的人也相信，对村庄来说，现在的怪兽是祝福而不是诅咒。

　　这位社友寻找的答案就在这里，无论我们有意还是无意，总是固守自我的利益。在热情的握手与灿烂的微笑背后，潜伏着隐隐的怀疑。例如，在与客户的沟通中，你会觉得客户太矫情，故意找茬；而客户会觉得你不负责任，一心想"甩锅"。在彼此的眼中，大家都是"怪兽"。

我们之所以想去影响别人，是因为坚定地认为自己是"对的"，此刻就特别容易给与我们意见不同的人贴上"错误"的标签。一旦你把别人视为"敌人"，势必就要分出个胜负。

如果你用"我正确，你错误"的方法处理问题，就会破坏你联系、说服另一方的能力。妖魔化对方会导致双方缺少对彼此的尊重，如果你和爱人吵过架就会有这种感受。男人说女人"你太无理取闹了"；女人说男人"你真是个冷漠的混蛋"，两个人都在否认对方的观点。这样，彼此就再也不愿意听对方的故事了。

在这种气氛中，他们最需要的是一个"我知道你在想什么"的故事，以此打消对方潜意识中的分歧。如果在和客户的讨论中，你的潜意识已经把客户归类为闹事的人或者态度消极的人，此刻你讲故事的能力就会变成操控或控制。即使这些策略最初会让对方感到害怕或惭愧，但最终也会激起抗争。

怎样消除这种对立呢？和案例中的怪兽一样，人类也渴望被认可，渴望微笑。其实认可对方，你也不会失去什么，有时还能让对方做出实质性的让步。这种"我理解你"的故事怎样讲呢？试着找出目标听众隐藏起来的怀疑之处并不难，当你把隐藏起来的反对意见暴露在阳光下，这些反对意见通常会得到消减。

本章核心内容

1. 你的所看、所听、所想、全部行为都可以变为故事。故事既可以用来承载知识，又可以用来触发新行动。

2. 故事既非"纯知"，也非"纯行"，而是知与行之间的桥梁。现代人一直投入大量的时间与精力将情感排除在决策之外，但缺乏情感的决策往往无法发挥作用。故事思维不是要把情感重新强加在理性决策之上，而是让我们学会使用在人类诞生开始就长久存在的情感。

3. 心理接近性来自心理上的价值认同或价值反对，它包含怜悯、恐惧、厌恶、关心等情绪。

4. 共鸣需要一定的腔体，这是产生共鸣的决定因素。我们可以将此概念平移到认知能力上。我们经常说，认知水平高的人有更广阔的胸怀或空杯心态，这其实也是看不见的"腔体"。只有掌握了反共鸣法则，才能不断地扩大"腔体"。

5. 以具备共鸣力的故事来影响行为，进而重塑认知，可以从建立"我们"的联想开始。

6. 最能引发共鸣的就是"自我"，如果你和一个陌生人第一次交流，发现你们曾有类似的职业经历、共同的朋友、来自同一个地方、出生在同样的年份，甚至名字的谐音接近，这些都会拉近彼此的亲近感。

7. 能给听众留下最深、最持久印象的故事大师，都会把听众当成自己的密友，通过释放最愉快和最脆弱的时刻，邀请用户进入自己的体验。

8.　感官共鸣是故事里最可靠、最鲜活的诱饵，我们要学会用特定感官体验构建一个故事，让听众获得同样的感受。

9.　讲故事的人首先要对生活抱有热忱，能够保持好奇心，对现实生活进行探索。这样的话，当你解释概念时，就能够在脑海中快速找到故事。

10.　如果你用"我正确，你错误"的方法处理问题，就会破坏你联系、说服另一方的能力。妖魔化对方会导致双方缺少对彼此的尊重。

第五章

结构力：设置叙事的路标

　　好故事如同一个丛林，进入其中是未知与冒险之旅，同时也很容易迷失自我。灯塔知行社第三期社友孙鹏分享过他的烦恼：当他使用故事法提升知行力时，会发现案例、金句、知识点单独拿出来都很精彩，组合到一起就显得很凌乱。

　　其实，这是没有掌握好叙事节奏，缺乏把碎片化输入转化为整体输出的能力。

　　准备讲故事的过程与盖一座房子类似。你找好地基，购买了沙子、水泥、砖头和各种材料，并不意味着可以马上开工，还需要最关键的东西：一张图纸。否则，这就是一堆建筑垃圾。

　　像布鲁涅内斯基那样的天才建筑师几乎不存在——他主持修建了圣母百花大教堂的穹顶，也是当时最高、跨度最大的穹顶，而且不打草稿、不画设计图（一种传说是，他其实有设计图纸，只是不愿意泄密，自己偷偷看）。

　　简单而言，任何故事都可以分成三部分：开头、主体与结尾。但讲故事的大师通过调整结构，就拥有了改变日常世界的魔法。

　　在本章中，我们会详解在拆解阅读资料时，如何从破解它的结构入手，学习它的结构魅力。在讲述时，如何把案例、金句与知识点放在最合适的位置上，让结构产生力量。即使是小白，也可以用这个方法讲出达到及格线的故事。

提纲是导演的故事板

对初学讲故事的人而言，讲故事时应该有个提纲。提纲就如同导航，可以让讲故事的人和听众都能在叙事中不迷路。提纲长度与复杂程度因作品而异，并不是越长越好。非虚构主义大师盖伊·特立斯的《邻人之妻》将近 500 页，提纲却只有一页纸，而他在新闻史上的名篇《弗兰克·辛纳屈感冒了》只有 1.4 万字，提纲却用了两页纸。

也不是所有人都需要提纲，恐怖小说大师斯蒂芬·金（Stephen King）认为，不管短篇小说还是长篇小说，都由三部分构成：第一部分是叙事，将故事从 A 点推至 B 点，最终推至 Z 点，故事结束；第二部分是描写，把故事带进现场；第三部分是对话，通过具体语言赋予人物生命。斯蒂芬·金从来不做情节构思，即没有提纲，因为他觉得真实生活多半就是未经构思的。但是，在我看来，斯蒂芬·金和布鲁涅内斯基都是天才，普通人无法实现没有提纲就讲故事，还是需要提前做好规划。

写好的提纲可以根据变化调整。特里斯有一种实用的方法，他像电影导演一样用场景方式来思考。假如写一篇文章，他在写作之前就要知道，介绍给读者的第一个人是谁，然后是谁，最后又是谁。坐下来写之前，他可以画好路线图，从一个场景到另一个场景，从一个人物到另一个人物，从一章到另一章，最后让提纲看起来很像导演的故事板，提醒他为读者存储了哪些信息，以及在路线图某一段谁站到了哪里？

我们可以把案例、金句与知识点用在特里斯的模板中，将它们场景化。在把《王阳明大传》这本书拆解成一场演讲时，我就应用了这种方法。我从书中选取了关于王阳明的三个最重要的片段："格竹"，中国哲学史的一段著名公案；龙场悟道，心学史的开篇；军功三征，检验心学力量的试验场。

需要注意的是，场景化的提纲不是平面的，而是立体的。它能帮助我们创造视觉概念，如果做得好，还可以帮助我们构想从哪里开始，如何进行下一步，何时结束。提纲有时并不是文字，而是一幅类似于脑图的画面，它可以帮助我们厘清叙述的顺序。这种方法相当于一个框架，可提升、强化人的形象思维，让人不会偏离主题太远。

把小图景都串联起来

我听过南京师范大学文学院郦波教授讲龙场悟道。他先带领听众从故事部分进入，回到 1508 年，遥远的贵州布政司，即今天的贵州省修文县龙场镇龙冈山。当时，这里万山丛棘，常有毒蛇猛兽出没，瘴疠笼罩。山的半山腰有一个天然石洞，人们今天去看就会发现，成年男子走进这个石洞都要弯着腰，里面阴暗潮湿，实在不宜居住。

就在一个雷雨之夜，闪电照亮了石洞，可以看到石洞内有一具石棺，棺材里躺着一个中年男子。随着一声惊天动地的雷鸣，大雨如泄洪一样倾泻而下，石棺内的男子突然大叫一声，坐了起来，只见他浑身是汗，但眼睛明亮，充满了开悟之后的欣喜，继而欢呼雀跃。从这一刻起，东方哲学史上 500 年来最具影响力的一个流派诞生了。

故事中的细节自然是郦波脑补的。这一段在王阳明的年谱中，只有寥寥数语，郦波在时间、地点与主要事件上增加了合理想象，如此听众就能代入。

　　围绕故事部分，我们又可以提炼相关的金句："圣人之道，吾性自足。"再从这个金句开始，相关的知识点就跳了出来，即"心即理"：我才是自己的主人。

　　以这个场景为中心，引出一条完整的故事线、关键人物，如王阳明的政敌刘瑾，他的弟子徐爱，他的贵人王琼、席书，他所经历的明朝四任皇帝等，都站在了这条故事线的不同位置。按照此方式，我们就能把王阳明的关键经历和哲学思想梳理得明明白白，下面是我为他讲"龙场顿悟"这部分的场景提纲示意手绘图（见图 5-1）。

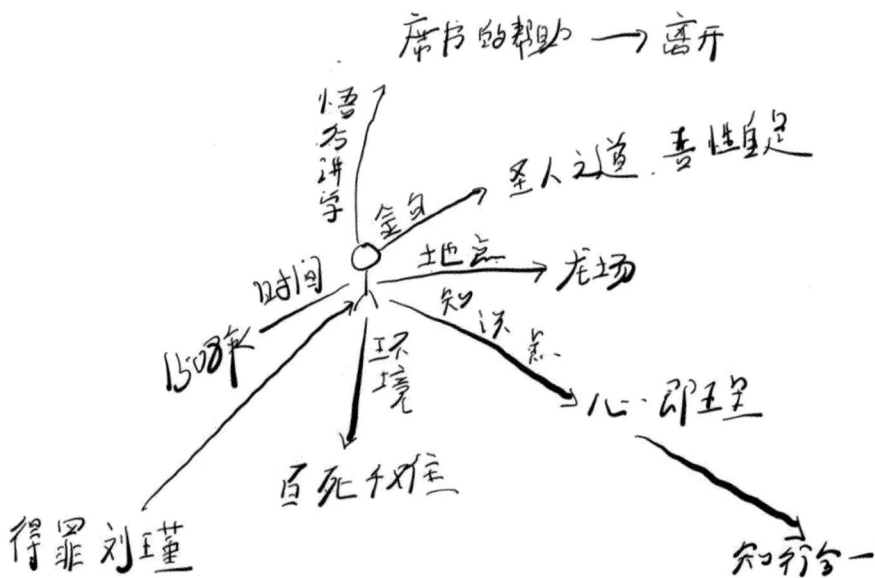

图 5-1　"龙场顿悟"示意手绘图

拿着这个提纲，你就能把这个故事转述给别人。你还可以把关键词也描绘在提纲上。例如讲王阳明"格竹"，我会写上一个关键词：竹轩公。这是王阳明祖父的号，因为他的祖父喜欢竹子，在庭前屋后种满了竹子，因此王阳明才有了"格竹"的条件。加入类似有趣的小细节，故事就会显得更丰满。

创造一个故事时，不用急于把全部想法都抛出来。如果太着急，可能整个故事的开头、中间与结尾都出现了，整体结构依然显得很薄弱，最后只能描述总体的概况，但真正有价值、令人难忘的部分却难以浮现。提纲的作用，就是要把那些小图景，包括遗漏在三环套月笔记法之外的信息拼完整并串联起来。

从开头构建坡道

在故事的开头，下再大的力气也不为过。对故事讲述者而言，约有一分钟的时间用于开场，让听众对讲述的内容产生兴趣。对写作者而言，需要在500字内让读者觉得值得继续读下去。从走上讲台、写下第一个字那一刻开始，我们都要意识到千万不能浪费机会。大多数人会在第一步就犯下错误：假设别人坐在演讲台下或者打开了你的一本书，就是准备与你共度接下来的时光。实际上，在大多数情况下，他们都在走神。

在现代社会，我们每天都处于一场注意力大战中，要与无数其他信息争夺别人的时间和精力。我们最大的敌人就是用户口袋里或直接抓在手里的手机。在数字化环境下，在线演讲开始流行，一旦观众在开始时没有被吸引，点一下鼠标就走了。好的故事讲述者绝不想给观众留下走神的机会，要想赢得这场战斗的胜利，精彩开场是最重要武器之一。

设计开头如同构建坡道：它应该马上吸引听众，并具有足够高的坡度。这样，无论接下来你要说什么，都会引起听众的兴趣。这就像跳台滑雪，坡道会改变你冲击的角度，将你推送到一个更高的水平。在听众的脑海中，它会提升故事的重要性，将你所说的内容提升到一个更高的优先层级上。

有的故事讲述者习惯于在开头感谢很多人，但这并不重要，重要的是让用户不能有丝毫的懈怠，即使确实有必要感谢，也尽量用非常个人化的方式。

以开场吸引用户的注意力

以开场吸引用户的注意力有五种方式。

1. 在开头制造意外

意外不一定是精心设计的句子，有时只是利用了场景反差。2008 年奥斯卡颁奖礼，科恩兄弟连续三次上台领奖，大哥乔尔·科恩（Joel Coen）感谢的话说了一大堆，大家都想看看弟弟伊桑·科恩（Ethan Coen）怎么说，结果他在麦克风前沉默了很久，就吐出了两个单词："Thank you"（谢谢），台下却响起一片掌声。在脱口秀大会上，李雪琴一上场，开口就是："我是李雪琴，我想找个对象。"一句话就引发评委拍灯了，这都是"返璞归真"式的制造意外。

文学史中的故事大师都善于"制造意外"。海明威的《老人与海》，开头是："他是个独自在湾流中一条小船上钓鱼的老人，至今已去了 84 天，一条鱼也没逮住。"为什么 84 天连一条鱼也没有抓到？再看加缪的《局外人》："今天，妈妈死了。也许是昨天，我不知道。"一个人怎么会不知道自己的母亲何时去世的？这就脱离了正常逻辑的轨道。

为朋友的同事拆解《技术的本质》时，我花了很大的力气设计如何开场，想以此抓住听众的注意力。第一句就是："听别人讲时，通常会先叮嘱大家一定要保持专注，我也叮嘱两句，请大家一定要走神。"

为什么要让别人走神呢？刚刚拿出手机准备熬过这个下午的人也抬起了头。

当然，意外是个坑，挖了坑，就要填上，否则整个故事就会垮掉。例如，我接下来会讲："走神就是我讲什么不重要，一定要联系到你自己的事。"

2. 先声夺人，加入一点戏剧性的元素

三环套月笔记法中的金句，用在开篇常常能达到这种效果。

郭德纲说单口相声时会先用一首定场诗："伤情最是晚凉天，憔悴斯人不堪怜；邀酒摧肠三杯醉，寻香惊梦五更寒。钗头凤斜卿有泪，荼蘼花了我无缘；小楼寂寞新雨月，也难如钩也难圆。我是郭德纲。"这实际借用了评书的方法，先把听众的情绪推上去。

再看罗贯中的《三国演义》："话说天下大势，分久必合，合久必分。"一句话便揭开了一段宏大历史的帷幕。

"幸福的家庭都是相似的，不幸的家庭各有各的不幸。"这是列夫·托尔斯泰的鸿篇巨制《安娜·卡列尼娜》的开头，一句话写出大部分人的心声。

"满纸荒唐言，一把辛酸泪。都云作者痴，谁解其中味？"曹雪芹在《红楼梦》开头中，20个字就对全书精神做了精准的定位。

最典型的例子，莫过于英国作家狄更斯在《双城记》中的开篇，用了一连串看似矛盾的对比：

　　那是最美好的时代，那是最糟糕的时代；那是智慧的年头，那是愚昧的年头；那是信仰的时期，那是怀疑的时期；那是光明的季节，那是黑暗的季节；那是希望的春天，那是失望的冬天；我们拥有一切，我们一无所有；我们全都直奔天堂，我们全都在直下地狱——简而言之，那时跟现在非常相像，某些最喧嚣的权威坚持要用形容词的最高级来形容它，说它好，是最高级的；说它不好，也是最高级的。

这展示了在一个极端的年代，任何事情都不存在中庸之道。

3. 立规矩

　　所谓"立规矩"，来自话剧。《无名之辈》的导演饶晓志，话剧导演出身，他在一次访谈中详解过这个技巧。舞台剧上两个演员即使在对话，也是面向观众席的。演员表演喝水，一甩手把杯子摔到地上，同时"咣"地一声，然后是玻璃打碎的声音。这明显与现实世界是不同的故事开场，但观众接受了这个规矩，慢慢到了后面，演员再演其他事情，观众也就相信了。

　　"立规矩"就是通过一个具体设计让观众接受所要讲的故事设定，从而进入导演的语境。电影《无名之辈》的开头有一个很荒诞的场景：两个年轻劫匪冲进手机店抢劫，出来后骑着摩托车逃跑，结果因为没有踩离合器，摩托车直接冲向天空，挂在树上，这在现实生活中是不会发生的。但饶晓志要通过这个镜头告诉观众，接下来要讲的故事就是一个荒诞的故事，其中可能会发生很多令人匪夷所思的事情。

　　《变形记》的开篇被誉为文学史最经典的开篇之一：

　　一天早晨，格里高尔·萨姆沙从不安的睡梦中醒来，发现自己在床上变成了一只大得吓人的害虫，硬如铁甲的背贴着床。

　　卡夫卡用平静得近乎冷漠的态度，把主人公和读者一起"抛入"一个变了形的审美语境。人为什么会变成甲虫？无须任何解释，直接就将读者拉进故事。

　　"立规矩"要放在故事的开头。如果开头没有"立规矩"，那么听众依然会停留在自己的习惯里，会对讲故事的人及其所讲之事产生很多疑问，甚至质疑。作者与读者彼此就会陷入平行世界的对话：人怎么会变成甲虫，这不科学啊。

4. 引发好奇

　　引发好奇是吸引用户最简单有效的方式之一，也是促使用户积极参与的催化剂。英国厨师杰米·奥利弗有一次在 TED 上发言，开场就是："令人悲伤的是，接下来的 18 分钟里，四个在世的美国人将死于他们吃的食物。"这样的开头，大多数人都很想听下去。

　　激发兴趣最简单的方式就是提问，但并非随便提问，而是问有趣的问题。关于未来，如果问："我们怎样才能改变这个贫困山区的面貌？"这就太空洞了，好的故事开头应该是"这个曾经银行存款不到 500 元的中年男人，怎样带领整个村庄实现飞跃？"

　　水平高超的故事讲述者常常不会直接提问，而是等你问"为什么？"我在一席①上看过一个演讲的文本，演讲者叫王村村，主题是"怎样成为一个无聊的

---

① 　成立于 2012 年，平均每月一次、通过现场演讲和网络视频等方式，分享知识、信息和观点的传播平台。——编者注

人"。他这样开场:

> 大概在 2015 年,我决定成为一个无聊的人。我面临的第一个问题是,一个无聊的人到底应该做什么?一次偶然的机会,我参加了一个发呆大赛,就是一群人坐在地上 3 小时不能动,他们还丧心病狂地测量参赛者的心率,心率变化最小的人获胜。最后我只取得了全国第七名的成绩,这件事情给了我两个启发:第一,无聊其实是一个挺专业的事情;第二,我在无聊这个领域有天赋。

一个人要多么无聊才会参加一场发呆比赛?对此,我的脑海里充满了问号,然后,我把这篇长长的演讲看完了。

5. 深化

第五种方式是在故事开头对第四种方法进行深化,通过对比,制造落差,留下悬念,但不要对接下来讲的内容泄露太多。

有时,我们试图在开头放进太多的内容,但这样做基本上就泄露了故事的核心。特别是,当这个核心是众所周知的大道理时,别人就更不感兴趣了。

哈佛大学社会心理学家丹尼尔·吉尔伯特(Daniel Gillbert)在一次 TED 演讲中,要在很短的时间内解释"合成幸福"的概念,以及为什么从科学的角度看,"无论发生什么,我们都可以选择快乐"。

"合成幸福"的概念有些晦涩,他如此开场:"相对于 21 分钟的演讲,200万年显得极其漫长。"

这个鲜明的对比立刻抓住了听众。他接下来又说:"从进化的角度看,200

万年只是一瞬，不过在人类 200 万年的进化过程中，人类大脑的脑容量从我们祖先能人的 1.25 磅增大了近两倍，成了现在的 3 磅。"

这又是一组对比，他紧接着提出问题："为什么大自然这样迫切地想让我们每个人都拥有这样巨大的大脑？"

你是否已经产生了把故事听下去的兴趣？

打造令人印象深刻的结尾

好不容易在演讲的开头抓住了用户的注意力，但一个平淡无奇的结尾会毁掉之前的全部努力。2002 年诺贝尔经济学奖得主丹尼尔·卡尼曼曾说：人们如何记住一件事与他们如何经历一件事完全不同。对人的记忆而言，最后的体验非常重要。简而言之，如果结尾不令人难忘，那么故事本身也不值得记住。这就像你和太太共度了一个周末，白天的时光非常愉快，看电影、吃饭、购物，但睡觉之前，你们因为一件小事发生了口角。第二天早晨，你是更容易想到昨天的快乐，还是临睡前的不愉快？

打造一个令人印象深刻的结尾，有七种方法。

1. 镜头回放

镜头回放，即简单总结之前讲过的内容，然后展示更宏伟的图景与广阔的前景。

在歌德名著《浮士德》中，他在结尾写下了名句：

　　　万象皆俄顷，无非是映影；事凡不充分，至此始发生；事凡无可名，至此始果行；永恒之女性，引我们飞升。

这展示了浮士德最后完成了感性与理性的统一，在对周围的一切（特别是自己）彻底否定后，投身于更宏大的目标中。

2. 号召行动

如果你希望鼓励别人采取行动，在故事最后就应该传递有力的信号。你也可以把所探讨的思想转变成鼓舞人心或充满希望的未来愿景。

唐代骆宾王为徐敬业起草的《为徐敬业讨武曌檄文》，被称为"千古第一檄文"，满篇都是金句。此文结尾是："请看今日之域中，竟是谁家之天下！"（看看今天这个世界，到底是谁的。）被讨伐者武则天看了都感叹不已，赞叹骆宾王之才。

3. 发出个人承诺

有时一个故事的成功，是因为讲述者自己做出了重大承诺。

2008 年，硅谷"钢铁侠"埃隆·马斯克经历了重大挫折。在此之前，他的美国太空探索技术公司已经历了两次火箭发射失败，计划于 8 月 2 日进行第三次发射。当时大家的情绪都很低落，如果这次失败了，公司就不得不关门歇业。虽然火箭终于把宇宙飞船送到了外太空，但是在第一阶段分离时就发生了故障。马斯克就是在这个关键时刻做了一番唤起员工斗志的演讲，他最后说："就我而言，我永不放弃，永不！"马斯克不善言辞，但就是这番演讲，让团队重拾信心。

王阳明是写信高手，经常几封信就能扭转乾坤。他担任庐陵知县时，上任第一天就面临一道难题。当地有一种非常不合理的税收叫"葛布税"，而庐陵根本就不产葛布。老百姓堵在县衙门口抗议，希望能免除这项税收。于是，王阳明给上司吉安府写了一封信，信中先写清楚事情的来龙去脉，还把个别官员中饱私囊的勾当都点出来，然后又说明了后果：老百姓已经到了官逼民反的边缘。他在信的结尾很硬气地做出个人承诺："若有迟违等罪，止坐本职一人，即行罢归田里，以为不职之戒，中心所甘。"（言下之意是：我已经承诺免税了，有什么责任我担着，领导要有意见，你就冲我来。）吉安府对此没有办法，只好同意了。

4. 重新审视或者从另一个角度重新定义自己讨论的主题

有一次，张小龙在微信团队内部滔滔不绝地做了 8 小时的演讲，最后精疲力竭地说："我所说的，都是错的。"大家一瞬间都愣住了，然后起立鼓掌，他所说的真的是错吗？当然不是，这句话中隐藏着令人愉悦的洞见，也就是永远不要丧失独立思考的能力。

村上春树在《海边的卡夫卡》中如此结尾："不久，你睡了。一觉醒来时，你将成为新世界的一部分。"在村上春树的诸多作品中，《海边的卡夫卡》一书的故事结构最为庞大，它是一个奇幻诡谲的现代寓言。但在结尾处，作者又带着读者回归现实世界：人生，就是一条成长之路，虽然每个人的成长方式与速度不一样，但都会走向那个终点。

5. 叙述对称

这是一种精心设计的结构，也是为了呼应开头，创造出头尾呼应的感觉。

高途课堂创始人陈向东是一位讲故事的高手，他平时讲话时有一个习惯：

头尾呼应。2018 年 11 月，他向全体员工写了一封信："我们要同频共振，我们要同轴共转，我们要同情共理。如果咱们能做到，那么咱们公司就会真正成为一家和别人不一样的公司。"在中间部分，他展开讲与这三个"同与共"相关的故事，到结尾，他又再次讲："很多小伙伴一年之后肯定记不得今天，但你应该记住今天的关键点——同频共振、同轴共转、同情共理、将心注入、全力以赴、成就客户。"

6. 诗意的激励

之前的故事已打动了用户，最后可以用富有诗意的语言收尾，以此深深触动人们的内心。我就曾经用自己写的诗作为演讲结尾，收到了令人印象深刻的效果。

丘吉尔在 1940 年 6 月 4 日发表过一段演讲，也用了一系列华丽的排比。

这次战役尽管我们失利，但我们决不投降，决不屈服。我们将战斗到底，我们将在法国战斗，我们将在海洋上战斗，我们将充满信心地在空中战斗！我们将不惜任何代价保卫本土，我们将在海滩上战斗！在敌人登陆地点作战！在田野和街头作战！在山区作战！我们任何时候都不会投降，即使我们所处的这个岛屿或这个岛屿的大部分被敌人占领，并陷于饥饿之中，我们所有由英国舰队武装和保护的海外帝国也将继续战斗。

这个结尾的冲击力，可以说无与伦比。

7. 通过翻转或自嘲，制造一个耐人回味的结尾

小说家欧·亨利（O.Henry）在艺术创作上的最大特点就是精彩的结尾，前面积蓄的所有力量都是为了最后一击。如果简单用"意料之外"来概括，就过于表面化了。这种翻转与自嘲的本质，是"向着一个愿望努力，现实却和你开了个大玩笑"。例如著名的《警察与赞美诗》，冬天即将到来，主人公苏比最理想的冬季寓所就是布莱克韦尔岛监狱。他想尽办法希望警察逮捕他，如吃霸王餐、调戏妇女、砸碎商店的橱窗、抢夺雨伞、搅乱治安，但都没有如愿以偿，警察就是不抓他。最后，苏比受到教堂赞美诗的感召，决定重新做人，告别颓废的人生，这时，你仿佛看到一束光就要打在他的身上。就在此刻，警察出现，把他抓了起来，理由是"四处闲逛"。他被关进布莱克韦尔岛监狱，刑期3个月。

顺叙、倒叙与插叙

讲故事的技巧浩如烟海，但归纳起来，核心就是玩转时空。过去几年，穿越剧大火。灯塔知行社第五期社友马竞民，在讲故事时遇到一个烦恼，他只会沿着时间线梳理，今天发生了某事，明天发生了某事，对那些能够在文字中穿梭时空的技巧，他多有羡慕却难以驾驭。

日常生活中，时间就像钟表一样，就是老老实实、一分一秒地走。这一分的当下，就是上一分的未来和下一分的过去，但在演讲和写作中，时间可以倒着走、跳着走、翻着跟头走。

中学时代，我们大都学过顺叙、倒叙与插叙。它们相当于写作中蹲马步的基本功，基本功扎实了，才能够玩转时间。顺叙是最常用的手法，就是从前到后叙述；倒叙也常见，就是从后到前叙述；插叙有点类似顺叙加倒叙，即在叙述某一件事之前，频频插入相关情节和内容。

多种叙述线条交织在一起，故事才更有峰回路转的味道。叙述之间的过渡需要"摆渡人"。鲁迅的小说《故乡》，先顺叙写了自己回到故乡的见闻和感想，当母亲提到，"还有闰土，他每到我家来时，总问起你，很想见你一回面。我已经将你到家的大约日期通知他，他也许就要来了。"自然就引入了一段插叙：作者脑海里忽然闪出一幅神异的图画来，那就是经典的瓜田刺猹。然后，作者又进入了倒叙，想到海边五色的贝壳，雪地用竹筐捕鸟。现在母亲提起闰土，鲁迅的儿时记忆，就闪电般苏醒过来。他本来内心悲凉，觉得已和故乡渐行渐远，如今因为闰土，似乎看到了"我美丽的故乡了"。母亲在这个故事中，就扮演了"摆渡人"的角色。

在《百年孤独》一开头，作者马尔克斯（Márquez）如此写道：

> 多年以后，面对行刑队，奥雷里亚诺·布恩迪亚上校将会回想起，他父亲带他去见识冰块的那个遥远的下午。当时，马孔多是个二十户人家的村庄，一座座土房都盖在河岸上，河水清澈，沿着遍布石头的河床流去，河里的石头光滑、洁白，活像史前的巨蛋。

这短短的一段话中，包含了未来、过去与现在三个时间层面，这里的"摆渡人"，就是上校自己，他显然隐匿进了"现在"的叙事角度。接着，马尔克斯笔锋一转，把读者引回马孔多小镇初创时期，这又是从未来的角度回忆过去。

《百年孤独》是布恩迪亚家族七代人的传奇故事，讲述了拉丁美洲一个世纪以来的历史，错乱的时间结构在小说中一再重复出现又环环相扣，并不会令人觉得混乱。拆解这本书可以学到糅合时间的大量技巧。需要注意，虽然可以把时间打乱，但必要时才可以这样用，胡乱倒错只会增加混乱，毫无效果。

如何完成转场

转场是视频剪辑的基本功，同样可以用到各种故事中。转场就是将前后两场不同时空的戏连接起来，基本要求是"自然"，高阶要求是"值得回味"。

转场通常需要一定的中介物来完成。

在影视剧中，我们经常可以看到漂亮的转场。电影《少林足球》一开场，周星驰穿着自己唯一的一双破旧运动鞋，走进与他格格不入的繁华都市中心，镜头对准了他的鞋子，与此形成鲜明对比的是周围光亮的皮鞋和骄傲的高跟鞋；然后镜头跟着他的鞋子一直拍，周围的鞋子变成拖鞋、脏兮兮的裤脚和皮肤，意味着他回到了穷苦状态。

在这些画面里，环境的差异通过鞋子实现了转换。

在电影《阳光灿烂的日子》里，利用书包和天空转场的情景也特别经典。导演以仰拍的角度对少年们进行特写，背景是一片干净的蓝天，没有任何干扰，暗喻那代人对真理的向往和茫然。少年们朝天空扔书包，书从空中洒落，暗喻时代对知识的蔑视。马小军的书包迟迟没有落下，众人抬头望的镜头持续了 10 秒，然后一个升格镜头对书包进行了特写，再落下来，接住的是几年后已经成年的马小军。通过书包和天空转场，导演就完成了讲述岁月变化的故事。

鞋子、书包，都是转场的中介物。中介物没变，但相关的人或环境已经变化了，这就是所谓的"物是人非"。我们也可以把自己的眼睛变成摄像机的镜头，通过这样的中介物转场。著名小说家许荣哲在《故事课》中，曾引用小说家黄凡所写《赖索》如何转场的例子，堪称漂亮流畅。

故事讲的是赖索的青春期，日本老师骂他，唾液飞到赖索的脸上，他举起手来擦脸，发现脸上长了一颗颗的青春痘。当这些青春痘开始膨胀，有几颗甚至化脓时，他正走在大街上用指甲挤，弄得脸上红一片、白一片，挤到第五颗时，身边的同学用肩撞他，说道："快看，那不是两年前教我们历史的日本人吗？"

黄凡把镜头锁定在青春痘上，随着青春痘的变化，时间过去了两年，这就把两段故事连接了起来。

转场也要慎用，频繁地转场会沦为炫技，而成功的转场犹如世界大赛中的跳水冠军，在观众完全没有觉察的情况下转身一跃，激起最小的水花，但人已经潜入水下。

调控讲故事的节奏

时间看似等速进行，但附着在事物上流动就会显得有快有慢，并非等速进行。例如爱因斯坦常用的比喻，你在一个漂亮姑娘身边坐上两小时，会觉得只过了一分钟；你挨着火炉坐上一分钟，会觉得坐了两小时。

我们进行表达时，为了删掉不必要的材料，在流动上就要人为地分出快慢。讲述一件事，往往各部分详略都不同，只把力量用在最重要的一点上，其余的可以一笔带过或者全部省略。

所谓说书的嘴、唱戏的腿，说书先生有时会说"时光荏苒，日月如梭，转眼间已过 10 年"，两句话就把 10 年的时光带过了；戏剧演员在台上走两步，就唱道"从京城已到广东……"，两步就把几千里的路程带过了。描述一个人的经历，可以用 3000 字写一个人的一生，但是用同样的篇幅写他的一天或一件事，反而会更有力。

快的叙述，便于报告事件进行的梗概；慢的叙述，便于表现事件进行时的状况。前者是抽象的、概念性的；后者是具体的、富有特性的。快的叙述与慢的叙述各有用处，无所谓好坏，关键是什么地方该快，什么地方该慢。

快慢不得当，往往是故事一口气不能贯到底的主要原因。

一个人说话颠三倒四，写文章拖沓冗长，主要是因为材料塞得太多，失去了重点。我就在演讲中犯过这样的错误，某次分享主题是"王阳明与曾国藩"，我用太多的篇幅讲述两人经历的异同。这两人一生波澜壮阔，如果要全面展开简直是一本书的内容，这导致最后留给核心的故事，即他们的思想部分，反而很短促。

整个演讲用了两个半小时，我讲得很累，听众也非常疲惫。

第二次，我汲取教训，把主题改成了"跟着王阳明和曾国藩学打胜仗"，只讲三点，每一部分又细分成案例、金句与知识点三个小部分。这场演讲只用了一小时，却收到了很好的效果。

如何玩转空间

时间无始无终，连续不断。严格来讲，任何一件细小的事情都和永远的过去、永远的将来有关。因此，讲故事就是裁剪的功夫，在无限的时间中，截取与事情最相关的一段，从那件事情开始的时候写起，写到事情结束，前前后后没有关系的时间就不必放入其中了。

对于截取出来的一段时间的各个部分，是否平等看待呢？当然不是，这考验的是裁剪出来的时间在空间内如何安排的能力。

每一分钟，我们身边发生的事情和与看到的事情不计其数。选取题材的标准是什么呢？答案是三个字：不平常。当然，那些不平常的事物，如突然中了彩票，奖金 1000 万元，或者某种历史变革，你一辈子也未必能遇到。我们日常体验的无非平凡事物，平凡的事物中又含有无限内容。只要好好观察、细细体会，就可以发掘出新味道。

2021 年 6 月 19 日，人民日报公众号头条是一位普通女护士的朋友圈。6 月1 日，广州市妇女儿童医疗中心手术室护士邹雁冰本该按原计划和相恋一年的男友在这一天到民政局登记结婚，然而她去了广州荔湾支援核酸检测。她在朋友圈中写道："登记照拍了，班算好了，假请好了，民政局约好了，连朋友圈的文案都想好了，我却去了中风险地区，注定与六一无缘，兄弟，咱们改日再结。"

这是普通人的一件普通事，为什么会被人民日报关注呢？是因为我们从这条朋友圈文字中可以感知到，是千千万万普通人的付出才换来安全的环境。

再向下分解，如何找到普通事件中的新味道呢？新味道通常有三种：一是新知识；二是新感受；三是新教训。一个引起别人广泛传播的内容，必然提供了三新中的某一种。同样写电商平台的购物节，从营销的角度看，别人觉得毫无新意，但如果从会计的角度解释退货成本，就会给别人新知识。护士邹雁冰的故事，就是唤起了别人的新情感。

同理，吴晓波的成名作《大败局》，写的就是企业家失败的新教训。叶圣陶先生在《七十二堂写作课》中，举了一个很贴切的例子。同样是写岳飞，《宋史》《精忠传》和《少年丛书》就完全不同，《宋史》以知识为主，教训和情感略次；《精忠传》以感情为主，教训和知识为辅；到了《少年丛书》，主要是教育孩子，就是以教训为主，知识和感情都放在了后面。

出发点不一样，材料判别取舍自然也不一样。材料的重要性，与材料大小并不一致，讲故事的高手从一块残砖就能写出国家的灭亡，从镜中的一根白发就可以写出时光流逝。

学会选材，表达自然也就疏密得当，不会混乱。

增强句子的连贯性

对于同一空间内的描述，怎样才能不支离破碎、焦点模糊呢？这需要作者用上下文引领用户做出论断。

当一个句子与另一个相连时，听故事的人会发现其中的关联，如果你描述得不连贯，对方就会脑补一个画面。很多搞笑的标语就是这样的，它们并不是因为句法问题，而是连贯性出了状况。

听故事的人对连贯性的渴望，一直贯穿于理解语言的过程，因为大脑并不鼓励解码信息片段，而是强调尽量将片段性内容融入自己的知识储备。

增强故事的连贯性有两种方法。

1. 保持视角的一致与移动

听众或读者的眼睛，随着讲故事的人的眼睛而推移，就如同照相机的镜头。假如我们描述老王和老李打架，可以说："老王向老李讨债，老李说没钱，老王骂老李不守信用，老李说老王不讲义气，两个人越吵越凶。"在这句话里，第一句是老王说，第二句是老李说，第三句又是老王说，第四句还是老李说。照相机的镜头不断推移，实际在可能的范围内，镜头应该尽量一致。如果在复杂的表达中，镜头移动得过于频繁，观众就会头绪纷乱，弄不清楚叙述要点。

例如老王和老李打架这件事，完全可以这样描述：

> 老王向老李讨债，听见老李说："没有钱，还不出来！"老王火冒三丈："你真是不守信用！"老李又骂他不讲义气，他就和老李吵了起来。

这是以老王的视角写的。当然，你也可以转换一下，只从老李的视角讲述。

叶圣陶也建议，如果记叙某个地方的风景，如果一句说山、一句说树、一句说水，下面又是一句说山、一句说树、一句说水，结果山、树、水就非常零乱，应该选定一方面为主，将观点放在这里，随时把其余方面穿插进去。

当然，假设涉及段落很长，叙述内容很复杂，强行把视角放在一面，这样呈现的效果也不好。我们可以进行视角切换和移动，只是不能无意义地乱动。

2. 尽快点明主题和论点

没有哪个句子是一座孤岛，段、节、章也都不是孤立的。一个句子可以阐释、描述或总结前一句，一个主题或话题也可以贯穿大段文字，人物、地点或观点都可能反复出现，听众必须紧跟它们。作为讲故事的人，需要时刻警惕不要让听众跑丢了。

1959 年，在美国耶鲁大学新生欢迎仪式上，历史学家埃德蒙·西尔斯·摩根（Edmund S. Morgan）发表了一次演讲，后来被誉为名校开学史上最精彩的演讲之一。他开篇就点明了主题：你的目标是什么？

你们到大学来，追求各种各样的目标，你们将达到这些目标。……在这四年中，我们盼望你们加入这个追求真理的队伍。我们将会像要求我们自己一样来要求你们：保持你们的好奇心，激发你们宣传自己思想的热忱。

当你面对一堆故事素材时，这些素材如同办公桌上交织的电线，一个句子和另一个句子在概念上的关系有可能会纠缠成一团乱麻。要把它们放进一个理线器里，实用的方法是开门见山地把主题传递给对方，让接下来所有的句子都聚焦于此。例如："我今天要分享'关于如何阅读更高效'的技巧，接下来会分成三部分。"

有些人不愿意如此表达，觉得太程式化，不够精妙，但这总比先射出一支箭，再画上一个靶子要好。

本章核心内容

1. 简单而言，任何故事都可以分成三部分：开头、主体与结尾。但讲故事的大师通过调整结构，就拥有了改变日常世界的魔法。

2. 场景化的提纲不是平面的，而是立体的。它能帮助我们创造视觉概念，如果做得好，还可以帮助我们构想从哪里开始，如何进行下一步，何时结束。

3. 在现代社会，我们每天都处于一场注意力大战中，要与无数其他信息争夺别人的时间和精力。大多数人会在第一步就犯下错误：

假设别人坐在演讲台下或者打开了你的一本书，就是准备和你共度接下来的时光。实际上，在大多数情况下，他们都在走神。

4. 开场吸引用户的注意力有五种方式：①在开头制造意外；②先声夺人，加入一点戏剧性的元素；③立规矩；④引发好奇；⑤深化。

5. 人们如何记住一件事与他们如何经历一件事完全不同。对人的记忆而言，最后的体验非常重要。简而言之，如果结尾不令人难忘，那么故事本身也不值得记住。

6. 创作一个令人印象深刻的结尾，有七种方法：①镜头回放，简单总结之前讲过的内容，然后展示更宏伟图景与广阔可能；②号召行动，如果希望鼓励别人采取行动，在最后就应该传递有力的信号；③发出个人承诺，一个故事的成功，是因为讲述者自己做出了巨大承诺；④重新审视或者从另一个角度重新定义自己讨论的主题；⑤叙述对称，这是一种精心设计的结构，也是为了呼应开头，创造出头尾呼应的感觉；⑥诗意的激励，之前的故事已打动了用户，最后可以用富有诗意的语言收尾，以此深深触动人们的内心；⑦通过翻转或自嘲，制造一个耐人回味的结尾。

7. 讲故事的技巧浩如烟海，但归纳起来，核心就是玩转时空。

8. 转场就是将前后两场不同时空的戏连接起来，基本要求是"自然"，高阶要求是"值得回味"。转场通常需要一定的中介物来完成。

9. 讲故事就是裁剪的功夫，在无限的时间中，截取与事情最相关的一段，从那件事情开始的时候写起，写到事情结束，前前后后没有关系的时间就不必放入其中了。

10. 增强故事的连贯性有两种方法：一种是保持视角的一致与移动；另一种是尽快点明主题和论点。

第六章

结晶力：行为与认知的循环

　　我们已充分了解到现代世界是一个由故事构成的世界，如果我们希望与他人建立共同理解、分享感受的关系，最好的方法是塑造自己的故事。要想获得影响力，激励、说服他人或最终达成合作，最好的方法也是以故事为工具。

　　每个人的成长过程都会有故事，每家公司的发展过程也会有故事，家庭也需要共同的故事来维护。一对年事已高的夫妻，最愿意讲的就是他们孩子小时候的故事；公司也需要共同的故事来传承，创始人的故事、价值观的故事、奋斗者的故事，是保证企业文化不随着组织规模壮大和发展时间长而稀释的主要武器。如果你要让一个人或一家企业的形象更光辉，就从构建故事开始。反之，要想摧毁一个人或一家企业的形象，也可从破坏其故事开始。

　　本章我们将详解如何"由知而行"的关键一步，如何从行为中沉淀故事，再让故事引发行为改变，以这种改变反哺认知。

　　结晶的作用是把隐性知识变为显性知识。隐性知识与显性知识的概念，来自日本的"知识创造理论之父"野中郁次郎。他提出知识可以分为两种：显性知识是指可以通过正式语言或媒介传播的知识；隐性知识是指内心知道但无法将其转换成语言的经验性、身体性知识。有价值的知识往往是隐性知识，组织知识创造的关键就是对隐性知识的调动与转化，管理者需要做的是把个体大脑中的知识"调"出来，"结晶"、固化并转化为其他人也能利用的知识。

这其实并不仅限于组织，同样适用于个体。组织本身并不创造知识，个体才是创造知识的主体。只有通过个体之间的共享，知识才会在团队、部门、组织层面汇聚发展并呈螺旋上升的态势[①]。

隐性知识之所以隐性，是因为其中有大量高度个人化的洞见、直觉和预感。如果要让它们显性化，最好的方法就是先把它们故事化。

展示过程而非结果

个体和组织为了生存和发展，必须不断破解"做什么"和"怎么做"等关键问题。特别是在组织中，企业创始人不得不围绕这些问题发展出具有说服力的故事，并要求员工接受和相信这些故事。尽管他们也知道故事本身的风险，而且不一定能实现，但如果故事成真，并且企业与个人都取得了成功，那么围绕这些最初的故事就会形成共享的文化假设。

这种文化假设体现在一家企业如何记录自己的历史上。不管它是一个展馆、一面墙还是一本手册，如何判断其展现的水准呢？我有一个最简单的标准，看其中只是机械的、线性的铺陈足迹，还是善于把历史变成故事。

有故事的历史，不是展示"某时某刻做了某个选择"，而是展示"为什么要在某时某刻做这个，而不是另一个选择"。简而言之，用故事从行为中结晶知识，核心在于呈现过程而非仅呈现结果。

① 　野中郁次郎，竹内弘高. 创造知识的企业 [M]. 吴庆海，译. 北京：人民邮电出版社 .2019: 7–13.

　　拜访过海尔文化馆的人都会为之感到震撼，因为它不是成就展，而是历程展。通过宏大设计、独特构思、细节处理，以及具有历史意义的物品展示，再配合工作人员的解读，海尔文化馆展示了海尔如何从一个濒临破产的企业发展成中国第一个具有世界影响力的企业。参观者一进展馆，就能看到一条难行的上坡路，然后会看到 1984 年张瑞敏刚接手海尔时的照片：破旧的厂房、亏损的账目，以及一张褪色的公告。

　　公告里，有当时颁布的十三条规定，内容包括不准随地大小便、不准在上班时间打毛线、不准在锅炉房热饭等，这些条文在今天看来令人啼笑皆非。再向后走，参观者可以看到一扇门，门高 19.84 米，这象征着海尔自 1984 年之后踏上创业之路。参观者还会看到海尔家电的发展史，从粗糙的手摇式木桶洗衣机到现在高端的卡萨帝。

　　继续向前，一个具有强烈视觉刺激的场景出现了：一把大铁锤砸进了凹凸的、设计成冰箱样式的墙面。这个场景再现的是 1985 年著名的"砸冰箱"事件，张瑞敏当时挥动铁锤，砸掉了 76 台质量不合格的冰箱。当年这一砸，也砸出了海尔关于严把质量关的公关事件，后经口口相传，成为经典案例。

　　最难传递的，是那些不好通过实物呈现的精神部分，如海尔在国际化发展征程中受到的质疑，以及"人单合一"等概念。但是通过巧妙的构思，海尔让参观者迅速进入故事。它在拐弯处用大字镌刻上杨万里的一句诗来表明心境："正入万山圈子里，一山放过一山拦。" 2008 年之后的发展历史，海尔看起来进入了高歌猛进的状态，一个个成绩交替出现时，迎面突然出现一面大镜子，映出来者，上面写着："能阻挡我们的只有我们自己——张瑞敏"，就如同一声棒喝。

　　展览将近结束，你以为会有一个展望辉煌未来的片段，但是一条走廊，后面是封堵的墙壁，前面也没有光明大道，而是一幅极大的版画：一个赤裸的男人手持劈柴刀，行走在荆棘密布的大地上，身后是带血的脚印，远处是正升起的朝阳。下面是鲁迅在《热风》中的一段话："什么是路？就是从没有路的地方践踏出来的，从只有荆棘的地方开辟出来的。"

没有结晶，就没有历史

海尔文化馆堪称一种典范，由历史上的"行"结晶为"知"，再影响新一代海尔人"行"。它通过描绘创业历程，将张瑞敏作为创始人所最倡导的精神也体现其中，即"没有成功的企业，只有时代的企业""永远战战兢兢，永远如履薄冰"。

并非所有公司都会有这样一个物理上的纪念建筑。2001年4月，参观日本松下电器产业株式会社的博物馆时，有人提议华为也可以建一座博物馆，当时任正非坚定地讲："华为不需要历史，华为要忘掉历史。"他还曾多次强调，华为是一个没有功臣的公司，任何人都不会被供奉在神殿里，自己也一样。

但华为真的不重视历史吗？恰恰相反，华为是一家极为重视结晶组织智慧并且善于用故事来传承结晶的公司。任正非只是用一种看似极端的表达方式传递了与张瑞敏类似的精神。关于解读华为的图书可以塞满一个大书架，任正非那些流传出去的"内部讲话"、华为的心声社区发言以及《华为基本法》等，都是结晶的一部分。华为顾问田涛曾主编"华为系列故事"，其中一本的书名是《一人一厨一狗》，讲的就是华为海外员工的故事。

对企业而言，故事既可能是建筑风格、内部装修、人际氛围，也可能是价值观，但你如果想深入了解一家企业的故事，必须具备历史的视角。你需要了解创始人与关键领导者的哪些价值观、信仰和经营理念促使组织走向成功，以及它们所构成的故事怎样吸引并留住了那些持有相同信念的人。

由此我们可以明白，为什么一些知名企业与企业家热衷于撰写传记，像黑石创始人苏世民的《我的经验与教训》、桥水基金创始人瑞·达利欧的《原则》、迪士尼传奇 CEO 罗伯特·艾格的《一生的旅程》等，更不用说星巴克创始人舒尔茨，他的自传至少已经出版三本了。当然，还有一些书是由大公司核心高管创作的，如《重新定义公司：谷歌是如何运营的》《奈飞文化手册》等。

国内的企业家、投资人也开始积极投身于这种热潮。如果将之视为自恋就过于偏狭了，这些记录的本质都是行与知的结晶，不仅是公开读物，还告诉利益相关者：我是谁？我们从哪里来？要到哪里去？这些结晶记录了思考与行为的过程，而非成绩单或讲话的合集，过程中那些最痛苦不堪的部分，恰恰是最有价值的部分。

用纪念册法结晶自己的故事

作为个体，怎样结晶生命中有意义的行为呢？

有一种方法叫"纪念册法"，其中的诀窍就是记录时不要考虑顺序，之后再重新编排。

你可以先挑选一个时间段，在这段时间里，你正处于人生的一个十字路口，正体验着巨大的变化，如面对新环境、接受新思想，或者你正在经历一场蜕变。例如对我来说，这段时间应该是1997—1999年。那时的我，高中毕业进入大学，当时并没有考上理想的大学，而是上了一个专科学校。那段时间，我的内心充满了惶恐、不甘和新鲜，至今忆起仍历历在目。

接着要做的是，你要挑选这个时间段中特定的一天，而且这一天不能是开学日、毕业日、论文答辩之类具有纪念意义的日子，记录这一部分时要尽量确定当天准确的年、月、日和时间点。

你可以寻找与这段时间相关的线索性记录，如大学毕业纪念册、QQ 空间里的留言、宿舍的旧照片等，然后随机从中摘取一部分，如在同学名单里每隔一人选出一个，然后写上一段关于他们的回忆文字。

你也可以记叙自己选择的时期中走过的一段路。比如，1999 年夏天，我和好朋友进行了一次假期旅行，去河南少林寺、白马寺、龙门石窟。当时都是学生，大家经济拮据，每人只带了 300 元，害怕路上被人抢了，我们把钱放在鞋垫里。在龙门石窟门口，我们还遇到一点儿意外，差点让人揍了。

然后，你再记录这段时间中一个特殊的日子。比如开学日，我踏进校门的那一刻，喇叭里正播放着张信哲的《爱如潮水》，接待新生的桌子前，有四名大二的学生看起来昏昏欲睡。

你还可以搜索这个时间段自己的家庭情况，回想是否发生过重大事件。比如，我的姨妈在 1999 年去世了。对我来说，她是关系非常亲近的人，她弥留之际的情形对我的冲击很大。

你还可以讲述这段时间内朋友之间发生的让自己难以忘怀的事。比如，当时我和朋友承包过学校的小剧场放录像，一晚上挣了 300 元，这是我人生中第一次赚钱。

完成了以上内容，你就可以重新编排这些段落，不用费心去完成各部分之间如何过渡，关于你的大学行为的结晶已初现雏形。

通过读书会结晶知识

行为结晶为知识后，还要应用于新的行为。

野中郁次郎认为，知识是通过隐性知识和显性知识之间的相互作用创造出来的。他由此提出了知识转化的四种模式，分别是：从隐性知识到隐性知识，即社会化；从隐性知识到显性知识，即外显化；从显性知识到显性知识，即组合化；从显性知识到隐性知识，即内隐化。这四种模式也可以理解为知与行之间的循环转化，从知到行，再从行到知，不断迭代升级。

关于如何完成这种循环，有头脑风暴、项目会、师徒制以及工作协同软件等各种方法。在此介绍与拆书成课相对应的策略，即通过读书会进行知识结晶。

灯塔知行社曾将这种方法用于联想集团、海尔、阿里巴巴等多家一线科技公司的组织学习，在应用中验证了效果，并根据实战进行多次修正。

当前读书会有多种形式，但大多数并不适用于知识结晶。2019 年，灯塔知行社调研过 194 家公司负责人，其中有 152 人都支持员工多读书，有 113 位会不定期地在公司内推荐图书，有 75 位还会整理列出书单。但是，对这 194 家公司近万名员工进行不具名调研后发现，只有 32% 的员工觉得有必要在公司内推广阅读，而认为公司应该定期组织读书的员工不到 14%。

为什么会出现如此大的反差？其原因在于如果把阅读当成任务，辅以打卡、勋章体系、进度条等功能，员工会将之视为一种工作外的任务和负担。从本质上讲，学习是反人性的，强制学习是双重的反人性操作。

解决此问题的思路是，不应该将企业读书会视为培训，而应该视为参与式互动。它的服务对象，首先是满足公司负责人将个体隐性知识结晶到组织的需求，同时要降低员工的参与难度。我们将其分为五个步骤：定方向、预阅读、"脱口秀"、"奇葩说"、自驱动。

读书会五步结晶法

第一步：定方向

通常，企业读书会都缺失"定方向"环节，它相当于将"咨询"前置于活动之前。公司负责人推荐书并非在推广阅读，而是希望通过书向员工传递自己想说的话，如推荐《执行》，是希望提高团队的执行效率，推荐《11枚戒指："禅师"菲尔·杰克逊自传》是为了鼓励团队精神。推荐书的目的，既可能是希望实现指数级增长，也可能是正准备推动转型或者统一价值观。总之，组织的目标是想让阅读与业绩产生更直接的关联。因此企业组织读书会之前，不要急于确定书目，而是要先对负责人进行访谈，定义核心诉求，然后根据核心诉求，确定相应图书。

第二步：预阅读

企业选好书目之后，布置阅读任务，要有明确的时间节点。如果两周后举办活动，也要提前告知阅读此书需要解决的问题，如共读《技术的本质》，就是为了在投资中做尽职调查时，能看懂一家公司的技术能力是否构成护城河。内部可先分成若干阅读小组，沿着这个方向，可以把书拆解成几个维度，每个人贡献自己的想法。然后，大家分头拆书，至于如何拆书成课，可以借鉴上篇中的五步模板等具体方法。

在读书会正式开始前一周，举行一次抽签，每组挑选一位"阅读大使"，由他们来代表全组出战。在开讲之前，全组要帮助参赛者准备素材。

这里需要注意的是，抽签环节既不能放在刚刚分好小组时，也不能直接推选，否则总有一部分人顺水推舟，将阅读的责任转嫁于他人。要保持抽签的随机性和不确定性，谁抽到，谁就讲，如果是一位特别不善言辞的同事"中签"，通常会收到意料之外的效果。为了鼓励团队精神，增强参与感，最好将奖励设为小组集体奖。

第三步："脱口秀"

常见的读书会，是一群人正襟危坐，然后轮流对一本书发表看法。其实，这只是在表演读书，讲者与听者都难以获得真正的收获感。投入了才会有收获，拆书过程中投入得越多，收获感才越强。投入要游戏化，在读书会第一个环节，可以借鉴"脱口秀"形式，根据参与人数确定每个人的分享时长，通常以8~15分钟为宜。

这一部分要鼓励大家紧扣主题，尽量结合自身工作实践进行分享，这就需要讲故事的能力。为了降低难度，虽然说是脱口秀，但也可以使用PPT。脱稿演讲和把知识创作成段子都是加分项。此过程要创造仪式感，条件允许的话还可以搭建一个小讲台。在我们所组织的读书会上，还会摆一个脱口秀专用的"立麦"。如果组织者态度松散、不够投入，那么参与者也很难进入状态。

第四步："奇葩说"

这一环节，即进入辩论环节。脱口秀环节要提前做好充分准备，而"奇葩说"则以小组为单位，选出辩手，提前10分钟准备，现场开辩，正方与反方都要临时决定。这意味着参会人员提前对书中内容吃得越透，获胜的概率才越大。

辩论分成两个部分，上下半场各半小时，在下半场会突然进入反转，上半场的正方会变成下半场的反方。例如，你最初的态度是"公司不应该鼓励加班"，现在要反转成"鼓励加班才有创业精神"。

这是我们经过多次实践才打磨出的一个环节，辩论的目的不是要辩倒一方，而是更清楚地传递信息，让每位参与者都能代入不同角色，从而对主议题进行观察和思考。在此环节，辩题的设计非常重要，要呼应第一步定方向。

我在帮某互联网公司做一场读书会策划时，该公司刚刚完成企业价值观的升级，希望公司上下对此加强认知，面临两难问题时，能够以企业价值观为标准。该公司的价值观中有"诚实"，对此，每个人都有自己的解读。那么，如何通过读书会增进共识呢？当时拆解的是一本曾国藩的传记，在"奇葩说"环节，我们就增加了类似辩题。

辩题： 曾国藩一生以"拙诚"立世，他的座右铭是"唯天下之至诚，能胜天下之至伪；唯天下之至拙，能胜天下之至巧"，但他也有善于权谋的一面，特别是中年之后，面对上司或政敌，他颇有周旋的能力。结合你在工作中可能遇到的难题，如何看待他的"拙诚"呢？

A 组：任何时候都应该保持"拙诚"，向一切谎言说"不"。

B 组：只要内心有诚实的底线，可以说"善意的谎言"。

在辩论过程中，辩手会将辩题代入工作场景。例如一位业务能力很强的销售员，在谈单的过程中采用了欺骗的手段，对此应该怎么办呢？

结辩是这一环节的灵魂。在辩论过程中，大家虽然各抒己见，但结辩时，要导向第一步希望达成的结论：曾国藩的"拙诚"与大部分人的人生哲学相反。今天社会中的一些人尚巧，追求四两拨千斤，以最小的成本获得最大的成功，以最快的速度获得成功。但曾国藩崇尚在做笨事、慢事、小事上善于变通，大节上从不逾越，靠着"拙诚"的精神，达到"立功、立德、立言"三个境界。然后，结辩方可以结合刚刚大家的讨论，探讨何为公司价值观所提倡的"诚实"。

第五步：自驱动

读书会的收尾不能落在抒发情感上，而是要落在实处，解决"出了门儿怎么干"。如果第一步是定方向，那么第五步就应该分解为目标和行为。

例如《王阳明大传》是一本偏文化和哲学类的书，拆解此书能否落到工作实践而且毫不牵强呢？我在为某家新消费公司拆解此书时，确定的方向是如何增强用户意识。看起来，这个主题并不适合以《王阳明大传》做拆解，但如果真的读懂了这本书，你就会理解，为什么有的企业懂用户，有的企业不懂用户？根本原因在于，懂的人可能比同行更敏感，更能洞察消费者的需求。当洞察不到消费者的需求时，就意味着企业与消费者之间出现了一堵墙。现在我们拆掉这堵墙，把自己从困境中释放出来，和天地万物连接在一起，和用户连接在一起，就恢复了心的本来状态。这个过程就是王阳明解释大学的"明明德"。

再向下延展。2019 年 1 月，张小龙连续做了 4 小时的演讲，讲了他对产品和用户的理解，谈到很有意思的一点：为什么微信的开屏是"一个生活方式"而不是"一种生活方式"？从语法上来说，这有问题，一个代表的是每一个用户，每个人的生活方式是不同的，一种则代表一群人。张小龙解释道："我们说微信是一种生活方式，意味着它是普通的一句话，你对它不会有任何的印象。但我们故意把它变成一个的时候，你会记住它并且觉得这个很特别。"很简单的一个词中，就隐藏着王阳明所指的"明明德"的道理。

那么，如何落实到行动呢？最后要留 15 分钟的讨论时间，每一组从"明明德"出发，围绕怎样才更能洞察消费者的需求进行讨论，然后列出可以改进的三个方案。

通过模型结晶故事

灯塔知行社第一期的社友赵宁，有一次私信问我，是否有一些简易的方法或模型，让作为初学者的他能够快速对公司或个人的发展经历结晶？诚然，每个真实的故事都是独一无二的，无法被控制在某个模型之内，但确实存在一些可以用于结晶故事的基本模型。相对于其他故事而言，总有一些故事更容易被记住和流传。你可以从基本模型出发，然后丰满故事。

从这个角度看，讲故事既是艺术，也是技巧。

对故事模型的研究有上千年的历史，早在公元前 350 年，古希腊哲学家亚里士多德提出了简单的三幕式故事结构：开头，中间，结尾。这个结构简单到令人大跌眼镜。

就是这个简单的结构，成为之后所有故事结构的基础。其中最著名的架构，是美国著名作家、神话研究学者约瑟夫·坎贝尔（Joseph Campbell），于 1949 年在《千面英雄》中提出的"英雄之旅"模型。坎贝尔认为：古往今来的英雄，在不同民族和时代拥有不同的面孔，这个英雄既可以是普罗米修斯、甘地，也可以是每个希望在人生旅途中接受考验的独立个体，而英雄的成长之路都遵循同样的模式，即普通人在固定的人生路上蜕变为救世英雄。因此，所有英雄，其实都只是一个英雄。

英雄之旅有三个阶段：启程，放弃当前开始历险；启蒙，获得某种以象征性方式表达出来的领悟；归来，回归正常生活。

坎贝尔的理论打动了无数好莱坞著名导演，乔治·卢卡斯（George Lucas）拍摄《星球大战》的灵感就来自《千面英雄》，他把坎贝尔称为终生追随的精神导师。沿着英雄之旅研究，你就会发现不止星球大战系列，《黑客帝国》系列、《复仇者联盟》系列、《速度与激情》系列、《007》系列等几乎所有大片的主角，几乎都是一个模型里长出来的英雄。

好莱坞导演克里斯托弗·沃格勒（Christopher Vogler）将"英雄之旅"的17个阶段缩减为3幕1、2个阶段，顺时针走完闭环，角色也就出现了象征性的重生。

第一幕，分离，具体包括4个阶段：正常世界、冒险召唤、拒斥召唤和见导师。

第二幕分为上下两篇——沦落和入会，自"越过第一道边界"起，经由"考验（伙伴、敌人）""接近""磨难"等，过渡至"报酬""返回的路"。

第三幕，入会，主要包括"复活""携万能药回归"两个阶段。

我们看到的80%具有英雄主义色彩的故事，都可以套用这个模型。例如《西游记》，先看目标，主人公唐僧对"从哪来到哪里去"一直很明确："贫僧从东土大唐而来去西天取经，"目标就是一路向西，取得真经。其中，九九八十一难，步步是坎。再看启蒙过程，师徒四人一路斩妖降魔，虽然唐僧平时只会念经，被妖精抓了就只等着徒弟来救，但他是团队中当之无愧的精神领袖，心志坚定，对目标绝不动摇，结果自然每次都能逢凶化吉，到了灵山见到如来。最终结局，师徒返回东土大唐面圣传教，也都修成了正果，有的成佛，有的成菩萨，有的成了罗汉。

不只整部《西游记》沿着这个公式，九九八十一难中每一难，黄风岭、车迟国、火焰山、碧波潭等著名桥段，拆开来看也都是一次小的英雄之旅。

英雄之旅的现实映射

英雄之旅不仅对应虚构故事，也几乎可以对应到所有杰出创业者的经历，如任正非。

对照 3 幕、12 个阶段，我们可以简单梳理任正非的成长轨迹如下。

第一阶段：启程

当时的任正非在深圳南海石油已是下属公司副总，但被人骗了 200 万元，中年被开除，要求留任遭到拒绝。生活中，他离婚后，一个人带着父母及弟弟妹妹在深圳住棚屋，把阳台做厨房，生活陷入窘境。

第二阶段：启蒙

1987 年，43 岁的任正非找朋友凑了 2.1 万元在深圳注册了华为公司，成为香港某公司的程控交换机代理商。当时的他，既缺少资本、资源、技术，也缺少市场经验，创业不是出于理想主义，只是被逼无奈，必须解决生存问题。在做代理商的过程中，他看到了中国电信行业对程控交换机的需求，决定自己做研发。其间经历的磨难，不比唐僧师徒去西天取经少。

第三阶段：归来

自 2000 年起，华为开始全面拓展海外市场，2009 年，华为在全球电信设备市场已超越阿尔卡特－朗讯、诺基亚、西门子，仅次于爱立信，成为全球第二大电信设备商。2016年，华为销售额突破5200亿元，跻身世界500强前百强企业第83位，遥遥领先于爱立信。这个曾经的中年失意者，创立了中国最大的民营企业。尽管在2018年之后还发生了美国打压制裁、芯片断供等危机，但是华为变得越来越强大，任正非完成了自己的英雄之旅。

乔布斯、埃隆·马斯克等企业家，他们的创业故事，也都可以对应这个框架进行阐述。

用故事获得人心

坎贝尔的研究主要集中于"英雄叙事"。其实，人类对故事类型的建模从未停止。

苏联民间文学研究家弗拉基米尔·普罗普，对俄国100个民间故事作了极为细致的研究，从中归纳出故事的31种功能，如违背禁令、角色转换等，以及7种叙事角色设定：坏人、神助、帮助者、公主、派遣者、英雄和假英雄。

美国蒙大拿州立大学媒体与戏剧学院教授罗纳德·B.托比亚斯（Ronald Tobias）则在1999年提出，所有小说无外乎20种经典情节：探寻、探险、追逐、解救、逃跑、复仇、推理故事、对手戏、落魄之人、诱惑、变形记、转变、成长、爱情故事、不伦之恋、牺牲、自我发现之旅、可悲的无节制行为、盛衰沉浮。

世界著名的政治、社会、心理学史评论员克里斯托弗·布克（Christopher Booker）认为，故事只有7种基本情节：斩妖除魔、白手起家、探险、远行回归、喜剧、悲剧和重生。

罗伯特·麦基在广受好评的剧作原理《故事》一书中，把一个美妙的故事比喻为一部交响乐。"一个讲得美妙的故事犹如一部交响乐，其间，结构、背景、人物、类型和思想融合为一个天衣无缝的整体。要想找到它们的和谐，作家必须研究故事的诸要素，把它们当成一个管弦乐队的各种乐器——先分别练习，然后整体合奏"。他认为，一个完整的故事可以分解为五个由低到高的结构元素：节拍、场景、序列、幕与故事高潮。

著名小说家许荣哲提出一个故事公式，更适用于中文世界的故事讲述方式，其实就是问自己"七个问题"。第一个问题：主人公的"目标"是什么？第二个问题：他的"阻碍"是什么？第三个问题：他如何"努力"？第四个问题："结果"如何？（注意，通常是不好的结果。）第五个问题：如果结果不理想，代表努力无效，那么，是否有超越努力的"意外"可以改变这一切？第六个问题：意外发生，情节会如何"转弯"？第七个问题：最后"结局"是什么？

把上面的七个问题简化之后，就变成了这样七个步骤：①目标；②阻碍；③努力；④结果；⑤意外；⑥转弯；⑦结局。

许荣哲把"七个问题的故事公式"改名为"靶心人公式"。"靶心人"就是目标，一个人只要有了目标，接下去该做什么事，自然会一清二楚[①]。

《魔戒》三部曲的世界观设定得非常宏大，原著作者托尔金用一生的时间创造了中土世界，那里既有山川河流、城堡矿井、雪地火山，也有玄术魔法、神灵鬼怪、神兵利器，如此复杂的故事，同样没有脱离靶心人公式的模板。故事目标从一开始就很明确：要把魔戒带回铸造地末日火山进行销毁。

---

① 许荣哲. 故事课[M]. 北京：北京联合出版公司. 2018：27.

大多数人，包括专业的写作者，都不会在讲故事时手中拿着一张模型图，像组装积木一样指导自己下一行字怎么写、下一句话怎么说。如果这样写，这些故事的意义何在？

结构主义文学理论认为，列举所有基本故事架构的做法属于"过度还原、去个性化"，但他们也承认，把片段和规则组织成有意义的机制来自人类的思想本身。正如著名剧作家彼得·布鲁克（Peter Brook）评价的，结构良好的叙事会"激活意义构建过程"，并实现"对意义的热忱追求"[①]。

不同阶段讲商业故事的方法

这些在实践中千锤百炼的方法，都是经历过人性的磨砺，"用故事获得人心"，重心不在"故事"，而在于"人心"。"熟读唐诗三百首，不会作诗也会吟"，各行各业都有其成功之道，大家千万不要低估方法，其实它代表的是问题的"标准解"，能够让你迅速结晶出打动人心的 70 分故事。

我们还是以商业故事为例。在公司的不同发展阶段，故事扮演着不同的角色。初创阶段，公司商业模式的有效性还无法验证，不同投资者对估值的看法并不一致，此刻故事会驱动价值增长。随着公司逐渐成长，数字和商业模式会更重要，进入发展和成熟阶段后，企业又需要找到第二增长曲线的新故事。

结合以上成熟的故事模型，总结多年来对商业故事的研究，我制作了一个企业家不同阶段的故事模型（见表 6-1）。

---

① 罗伯特·希勒.叙事经济学 [M].陆殷莉，译.北京：中信出版社，2020：17.

表6-1　企业家不同阶段的故事模型

成长阶段	创始人故事演变				企业叙事	外界的看法
启程	强背景	大公司从业经历、担任过跨国公司高管、毕业于海外名校	黄峥、张一鸣、李彦宏、雷军、王兴等	发展顺风顺水的人、能否跳出成功者诅咒	出发点是发现未被满足的需求，在此阶段遇到现金流断裂、不被投资人看好、用户增长缓慢等难题，此阶段会有各种关于奋斗的故事，如以公司为家	青铜镜：在外界的形象是模糊的，甚至媒体和公众对其视而不见
	弱背景	家境贫寒、有多次失败经历的连续创业者、突然被迫离开原来的轨道的人、高考失败者	任正非、沈国军、刘强东、俞敏洪、罗永浩等	改变命运的强烈驱动		
启蒙	瓶颈与突破：遇到个人短板，如本来是程序员出身，不善沟通，现在不得不学会做管理				找方向，陷入迷茫，通常在开三枪之后才能打中靶心	
加速	通常有一个顿悟时刻，如生命中照人的一束光，对个人职业形象有了全新理解；个人职业形象开始成型，如理工型、产品狂人；富有激情的管理者；激进或保守				爆发式增长，受到媒体和竞争者的关注，开始讲颠覆者的故事或描述远大远景	平面玻璃镜：较为客观地反映公司状态，可以正衣冠

（续）

成长阶段	创始人故事演变	企业叙事	外界的看法
考验	突然被绑上标靶，成为众矢之的的，面对质疑，批评甚至谩骂，感到孤独、不解、濒临崩溃，但终究挺过最黑暗的日子	合伙人离开，产品出现重大问题，对用户的重大伤害等，坏消息可能接踵而至，看起来风雨飘摇	哈哈镜：会呈现变形的影像；如果受到影像的影响，创始人和企业行为都会发生变形
反转	个人职业形象更加成熟，反思自我，修正行为，努力到无可附加，打光最后一粒子弹前，幸运出现，意识到自己的跨命会导致掉会，个人形象捆绑得太紧会存在风险，故事和公司捆绑得太紧会崩盘	修复形象，外界依然有质疑。这会成为创业史中重点被提及的部分，关于其中的细节却很少被要要提及	
冲破阈限	外界开始为其行为模式寻找合理解释，并对成长故事进行追溯，过往在网络上留下的足迹都会被重新研究；出现真正注意义上粉丝；此刻更加自信，有可能"一战成名"，因为将其捧上神坛和坛上祭坛绑的通常是同一批人	通常以公司IPO为标志，宣布有更宏大、更神圣的使命，而非以营利为目的。在外界看来，公司有卓越的品牌和很大市场份额	放大镜：优点和缺点都会被放大
再次出现危机	进入更复杂的商业生态，开始面对更立体的个人职业形象，通常是比成长期更大的危机，有可能进入更复杂的公共议题设置，此时需要谨言慎行，苦心打造的个人职业形象，可能会毁于一次不当的表态	高傲、大而不倒、大公司病、组织失灵，是最容易被贴上的标签	
回归	此时个人故事与公司故事进行必要的切分，工作以外的故事，会受到更多关注。最初业众认为个人成功必须与公司成功相关联，现在已产生分离	关于第二增长曲线、创始团队能否保持创业精神、衰落的迹象会成为重点故事	显微镜：几乎所有动作都会成为新闻，必须小心翼翼，谨小慎微

讲故事不是忽悠

讲故事不是忽悠，而是把自己也相信的事传递出去，促使自己与他人的行为改变，否则就背离了知行力。

你手里拿着一块砖，要让别人相信你是要建教堂而非垒猪圈，否则别人就不会陪你一起战斗。但前提是，你内心深处确实是要建一座教堂，而非垒猪圈，只是挂出建教堂的幌子。

在小说的世界中，你在虚构的故事中漫游可以享受快乐，在《指环王》里跟着护戒远征队去末日火山，这些不会对你造成任何伤害，反而可能启发创造力，但在现实的商业世界，故事会影响你的决策行为。

一般来讲，听信故事会产生两种风险。首先，我们可能被自己的故事骗了。如果你读过《看不见的大猩猩》《思考，快与慢》《判断与决策心理学课》，就会知道那些依靠本能和直觉给自己编造的故事，将导致种种的非理性行为，而你可能对此毫无觉察。正如美国学者阿斯沃斯·达摩达兰（Aswath Damodaran）在《估值与故事》所提出的："商业故事通常会在一定程度上围绕故事讲述者的经历而构建，这很容易让故事讲述者跨过真实经历与想象中经历之间的界线。"比如，富二代会构思自己白手起家的故事，证券投资经理会讲一个自己恰好在市场崩溃前逃脱的故事。

其次，他人可能被这样的故事欺骗。骗局与人类的历史一样古老，为什么一些骗局胜过另一些骗局？高明的骗子都有一个共同点：他们都是大师级的故事讲述者，能够找到他人心理上的弱点，并让故事的力量值得相信。各个领域都有这样的骗子，如各种投资"大师"等。

这两种风险会重叠在一起，有人最初并不想编造谎言，他们把手里的砖描述成用来建教堂，只是希望最初获得更多的资源与助力。但雄心与能力之间并不匹配，他们在反复讲述之后逐渐相信了自己的故事，记忆已经被改造了，由此只能用一个故事来掩盖另一个故事。

典型的案例，莫如硅谷"女乔布斯"伊丽莎白·霍尔姆斯（Elizabeth Holmes）。在先前的故事里，她19岁辍学创业，创办了血液检测系统公司，设计了一台名为"爱迪生"的机器。她对外宣称："爱迪生"体积精小，同时只需要一点点人类血液，就可以获得大约240项身体指标检测的医学报告，而且检测价格比普通医院的便宜很多，只需要3美元。检测结果也可以实时同步到医生的手机上，帮助医生和患者查找病因。

这个故事太神奇了，高才生辍学创业，外加"美女""学霸"等诸多标签加持，伊丽莎白找到了流量密码。她刻意模仿乔布斯，经常穿着黑色外套和翻领黑色毛衣，搭配黑色裤子，和人说话时也会故意压低嗓音，演讲时会放缓慢脚步，也很少眨眼睛。

那些见多识广的政商界大佬都相信了这个故事，基辛格称她为"一两百年难得一遇的商业奇才"。美国前国务卿乔治·舒尔茨（George Shultz）把她视为孙女，并且拉了众多政商界大鳄加入董事会。此外相信她的，还包括美国前国防部长威廉·佩里（William Perry）、国富银行前CEO迪克·科瓦切维奇（Dick Kovacevich）、报业大亨默多克（Murdoch）等。她在30岁时已身价45亿美元，成功跻身福布斯全球400位女富豪之列，富有洞见的《时代》杂志将她提名为100个世界上最有影响力的人物之一。她和美国前总统威廉·克林顿（William Cliton）等人同台演讲，美国最大的连锁药店沃尔克林和她签下了5000万美元的采购合同，又向她发放贷款2500万美元。沃尔克林甚至没有认真地评估这个产品就开始在整个美国打广告：一个手指头、一点血液、一份全身报告，几小时就能出结果。

然而，这是一个彻底的骗局，"爱迪生"像一堆废弃材料一样，只能得出几项指标，而且其中大部分还是错误的。伊丽莎白没有选择及时止损，她甚至无视机器存在如此明显的缺陷，而是迫不及待地想将其投入市场。2015 年，曾两次获得普利策奖的《华尔街日报》传奇记者约翰·卡瑞尤（Joho Carreyrou）揭开了真相，这一场轰动一时的创业骗局终于惨淡收场，伊丽莎白被判定犯有诈骗罪等多项罪名，最高可判处 20 年的监禁。

类似的故事，在国内也曾多次发生，如某些公司描绘了庞大的生态蓝图，但最后产品却一直没有走出 PPT。靠讲故事在二级市场获得高估值，套现后投入打造新的故事，最终资金链断裂，公司崩盘。

我们强调结晶力，指的就是从过去的教训中结晶，从现在的经验中结晶，从未来的梦想中结晶——它必须以知和行为基础，否则就只是空中楼阁式的幻影。

本章核心内容

1. 有价值的知识往往是隐性知识，组织知识创造的关键就是对隐性知识的调动与转化，管理者需要做的就是把个体大脑中的知识"调"出来，"结晶"、固化并转化为其他人也能利用的知识。

2. 有故事的历史，不是展示"某时某刻做了某个选择"，而是展示"为什么要在某时某刻做这个，而不是另一个选择"。用故事从行为中结晶知识，核心在于呈现过程而非仅呈现结果。

3. 对企业而言，故事既可能是建筑风格、内部装修、人际氛围，也可能是价值观，但如果你想深入了解一家企业的故事，必须具备历史的视角。你需要了解创始人与关键领导者的哪些价值观、信仰和经营理念促使组织走向成功，以及它们所构成的故事怎样吸引并留住了那些持有相同信念的人。

4. 企业通过读书会结晶知识可分为五个步骤：定方向、预阅读、"脱口秀"、"奇葩说"、自驱动。

5. 讲故事既是艺术，也是技巧。我们可以从基本模型出发，再丰满故事。

6. 按照约瑟夫·坎贝尔的理论，所有英雄，其实都只是一种英雄。英雄之旅有三个阶段：启程，放弃当前开始历险；启蒙，获得某种以象征性方式表达出来的领悟；归来，回归正常生活。

7. 在公司的不同发展阶段，故事扮演着不同的角色。初创阶段，公司商业模式的有效性还无法验证，不同投资者对估值的看法并不一致，此刻故事会驱动价值增长。随着公司逐渐成长，数字和商业模式会更重要，进入发展和成熟阶段后，企业又需要找到第二增长曲线的新故事。

8. 讲故事不是忽悠，而是把自己也相信的事传递出去，促进自己与他人的行为改变，否则就背离了知行力。

思　读　讲
悟　省　写
学　问　行

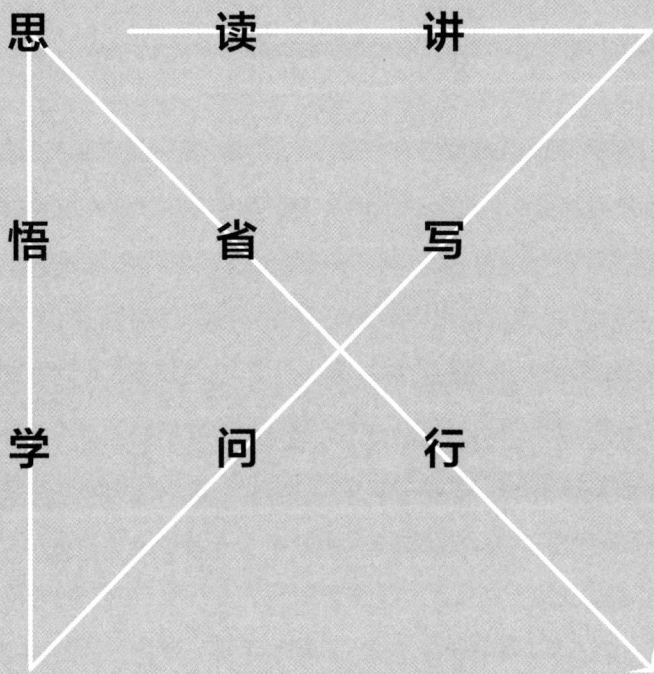

复盘
知行合一

　　知行合一，知与行并无片刻分离，不管心理行为还是物理行为，都是行，也都是知，不可两截用功。知行合一拥有足以改变现实世界的强大力量。本篇三章将复盘作为掌握知行合一的按钮，帮助广大读者提升自省力、提问力、螺旋力，从而实现人生进阶。复盘与儒家强调的自省精神一脉相承，如今已成为多家卓越公司都采用的学习方法与管理工具，形成了"实践→思考→知识→能力→实践"的完整体系，以此实现知识的螺旋上升。

下篇重点讲述知行合一。

明正德四年（1509 年），贵州提学副使席元山聘请王阳明来贵阳书院讲学，"是年先生始论知行合一"。当时，王阳明龙场悟道后创办龙冈书院，大启西南教化，广开黔中学智，正式提出"知行合一"的概念。知行合一有现实力量，正如畅销书作家度阴山先生所评价的，如果心学是圣贤功夫，知行合一就是俗世智慧。知行合一并非来自顿悟，而是在磨难中不断反思、修炼，最终磨砺出的生命境界。在经历了当众廷仗的奇耻、面对牢狱之灾的恐惧、流放后对仕途的绝望、瘟疫肆虐的危险、荒山野岭的孤寂、无人问津的落寞，直至悟道的狂喜、得道的平静后，王阳明不但求得了内心的安宁，而且逐渐通过知行合一拥有了足以改变现实世界的力量。

到晚年，王阳明提出"良知"是知行的本体，即"一念发动便是行了"。在前文中我们也谈到，"知之真切笃实处即是行，行之明觉精察处即是知"，这就是"不可两截用功"，不管心理行为还是物理行为，都是行，也都是知。

本书中，我们不做思想层面的过多探讨，而是从方法论入手，分析如何做到知行合一。上篇将"拆解"作为"从知到行"的按钮，中篇将"故事"作为"从行到知"的按钮，下篇将"复盘"作为"知行合一"的按钮。

复盘原是围棋术语，即下完了一盘棋之后，棋手重新把下棋的过程再摆一遍，以探讨得失。它与儒家强调的自省精神一脉相承，孔子曾说"内自省"，曾子提出"吾日三省吾身"，孟子提出"自反""反求诸己"。《易传》把自省、修养称为"修省"，宋、明两代的儒学大家则将"省察"作为成为圣贤的基本功夫。曾国藩将这种自省精神的实用性推到极致，并建立了一套完整的方法论。

第七章

自省力：在毫不留情的省察中前行

儒家的自省极为深刻，是自我审视、自我反思、自我关照，但并没有将"复盘"一词跨界用于指代"自省"。如今，"复盘"已成为多家卓越公司都采用的学习方法与管理工具，形成了"实践→思考→知识→能力→实践"的完整体系，以此实现知识的螺旋上升。

在不同的组织中，它会有不同的名称，如西点军校有各种沙盘演练的课程，美国现代管理大师彼得·德鲁克提出的"回馈分析法"，都是复盘的运用。

知行合一奥妙无穷，复盘则是一条人人可以通向知行合一的大路。会复盘的人，一年的经验能变成十年的经验。不懂复盘的人，只不过把一年的工作经验用了十年。《孙子兵法》有云："不可胜在己，可胜在敌。"无人能决定是否成功，但我们可以最大限度地避免失败。只有勤于复盘，才能立于不败之地。复盘的意义在于，人类应该在反省中前行，一旦不见来时路，去路其实也会消失，人在欲望诱惑中，一心向前钻就会极其危险。

在本章中，我们将讲述复盘的方法论是如何成型的。

曾国藩靠复盘把烂牌打成"王炸"

王阳明是心学的开山门者，而曾国藩是继承程朱理学的一代名臣，两人在学术观点上并不一致。虽然曾国藩没有明确地发表对知行合一的看法，却一生都在践行此理念。

王阳明天资聪颖，家境好，父亲历任翰林院学士、礼部右侍郎、南京吏部尚书等高官，他算得上是妥妥的官二代。曾国藩不同，他出生在湖南长沙府湘乡白杨坪，一个交通闭塞的小山村，家境一般。曾氏家族向上追溯500年，没出过当官的，连秀才都没有。曾国藩的基因也一般，他的父亲曾麟书累计参加了17次科举考试，一直考到43岁，头发都考白了。曾国藩智商平平，曾在家书中多次称自己"愚陋之至"，少年时读书，谈不上方法，唯有死记硬背。

曾国藩的身体不太好，30岁左右就经常头疼，有严重的耳鸣，35岁得了皮肤病（身体大面积长癣，伴随他终身，后人认为可能是神经性皮炎），浑身瘙痒，36岁开始戴花镜，还不能多说话，连续说上十几句就气喘吁吁。中年之后，他脾胃不好，牙痛、多汗、咳痰、疝气、肝病时有发作。46岁，他得了严重的失眠，到了晚年，一只眼睛失明。

可以说，曾国藩在起点时拿了一把烂牌，但是他却打出了"王炸"。他思想开放，是洋务运动的先驱，负责监造了中国第一艘轮船，建立了第一所兵工学堂，印刷翻译了第一批西方著作，安排了第一批赴美留学生，对近代中国影响深远。

他是如何实现了这种逆转呢？复盘是他自我迭代的最重要工具。

前文所述，复盘原是围棋术语。曾国藩堪称"棋痴"，他一生改掉了很多癖好，唯独改不掉下棋。即使后来在行军途中，尽管公务繁忙，饭可以不吃，但不能不下棋。我们从他写的日记统计得出，他自道光二十一年（1841 年）起，一共下过 1300 多盘棋，多的时候一天下 4 盘，去世前一天早晨还下了 2 盘。他的下棋水平怎么样呢？根据资料推断，他的棋艺可能很一般，而且越到晚年，水平越差。

虽然棋艺一般，但曾国藩把复盘的精神发挥到极致，有时一着要思索一个时辰，对棋局也是反复思考，关于自己的一言一行更是毫不留情地省察。他能一路成长，主要受益于复盘精神。

内向的反思多一分，成长就多一分。

通过写日记"研几"

曾国藩七次科举，终于在 1838 年高中进士，又幸运地进入翰林院。当时的他还不到 30 岁，进入翰林院之初工作清闲，几乎什么正事也没有，每天就是串门、聊天、喝酒、下棋。

30 岁这一年，曾国藩脱胎换骨。他在京城认识了多位理学大家，受他们的影响，他立下学做"圣人"的大志。儒家的最高目标是"成圣"，而理学的根本认知是每个人经过磨砺都能成为圣贤。这是一个恢宏、诱人的目标。曾国藩发下宏愿，在给弟弟的家信中写道"不为圣贤，便为禽兽"，也就是说"我只有一个选择，做一个浑浑噩噩的人或者做一个圣人，没有中间道路"。

曾国藩找到了一个重要的工具——写日记。在晚清，很多名人都有写日记的习惯，曾国藩的挚友胡林翼也写日记。理学名臣倭仁写的日记非常有名，曾国藩写日记的风格深受他的影响。曾国藩的日记有三大特点。

曾国藩日记特点之一：有恒

他从道光十九年（1839 年）正月初一开始写日记，直到道光二十五年（1845 年）二月二十九日，每天都写，从未间断。此后至咸丰八年（1858 年）五月，在长达 13 年的时间里，他没有留下任何日记。有研究者认为，可能是因为日记中有为朝廷所忌讳的内容，所以销毁了。从咸丰八年（1858 年）六月初七开始，直到病逝的前一天，即同治十一年（1872 年）的二月初三，在这 15 年间，他的日记再无间断。

曾国藩日记特点之二：细

1839—1842 年，曾国藩的日记写得非常应付，就是流水账，有时一整天的经历就记成一句话：去某人家里吃饭或者去某人家串门。

后来，倭仁告诉他日记不是这么写的，并把自己的日记拿出来给他看。曾国藩看了之后大为惊讶。倭仁把自己每天从早到晚的饮食言行都写在日记里。凡是自己的思想行为有不符合儒家义理的，也都记载下来，以自我纠正。

令曾国藩惊讶的是，倭仁的日记上记载了很多在一般人看来见不得光的事，如前几天因为一点小事训斥了婢女一番，甚至还有一闪而过的想法，如昨天看到别人收藏的宋刻本就想占为己有等，并且附有深刻的反省。

王阳明曾教育学生，要一心一意地省察克治，即通过反省检查，发现和找出自己思想与行为中的不良倾向、坏的念头、毛病和习惯，然后克服它。而且，这一功夫绝不能间断，如同铲除盗贼，要有一个彻底的决心；无事时，也要将好色、贪财、慕名等私欲统统搜寻出来，一定要将病根拔除。就好比猫捉老鼠，眼睛盯着，耳朵听着，不给老鼠喘息、躲藏和逃脱的机会，这才叫真功夫。

倭仁虽然以朱熹的学说为指导，但他的理学思想中也有王学的根底，在省察克治方面，双方的看法高度一致。

曾国藩效仿倭仁，从道光二十二年（1842年）十月一日开始用正楷写日记。倭仁告诉他，写日记就是为了"研几"（"几"就是细节）。所谓"研几"，就是抓住生活中的细节，通过每个细节改变自己。如果在一个细节上滑过去，所有的努力就可能白费了。之后，曾国藩在日记中把一天做了什么事、说了什么话，都仔仔细细过一遍，然后反省。除了行为，他连思想上的一点小波动也不放过。

曾国藩日记特点之三：狠

在日记中，他对自己的批判毫不客气，经常会出现"切戒切戒"或者骂自己"禽兽也"这样的文字。当时，他最爱犯的错误之一，就是喜欢在社交场合发出言不由衷的赞美，其实根本不走心。他在日记中反省，评论人和夸奖人都要谨慎，这样对方才会当回事。每次与人聊天后，他都要在日记中写下聊了哪些内容，一旦又犯了老毛病，就对自己痛责一番。

他还有更绝的一招，就是拿日记给别人看。日记内容一般是很私密的，特别像曾国藩的这种记法。但是，曾国藩向倭仁学习，把日记拿给别人传阅，请别人看完之后，还让人家写评论，可谓晚清版的跟帖评论。例如道光二十二年（1842年），他在日记中写道，自己在酒后看别人下棋，把持不住，几乎要撸起袖子自己去下棋，屡惩屡忘，简直不是人。他请倭仁在这篇日记的旁边写下评语，大意是：我辈应该努力向前，完养精神，专心一意，钻到里面，把一切闲思维、闲应酬、闲言语都扫除干净。

给别人看日记，是因为外力远远大于内力。每个人的意志力是有限的，但人都有自尊心，大家一起监督，就不好偷懒了。曾国藩将这一习惯坚持了一生。

通过写日记，在知中规范行，在行中又升级知，曾国藩的外在行为连同内在气质，每天都在发生变化。没过几年，他就变得和初入京城时，看起来不像同一个人了。

真正的复盘都发生在至暗时刻

复盘是一个持续终身的过程，它会不断逼近你最不敢面对的地方，而真正的复盘都发生在最痛苦的时刻。

俗话说"四十不惑"，人到中年，很难颠覆自己。曾国藩人生中最重要的一次大复盘发生在中年，在此之后，他发生了"豹变"①。

先看一下背景，曾国藩在京为官 12 年。1849 年，他升任礼部右侍郎，管着一百多人。但他做了一段高级官员后就心情灰暗，因为道光晚年的政治环境，让他根本难以发挥。他觉得自己虽然一天忙到晚，但都是例行公事，对国家大政毫无影响。他称之为"三四十年来不黑不白的官场，已让豪杰气短"。

1852 年，他被任命为江西乡试考官，江西离他的老家湘乡很近，这可真是他盼了十多年的差事。于是，他满怀兴奋，离开了京城。没想到，这次离京上任，他的人生轨迹发生了重大转变。

1857 年，曾国藩 46 岁，他被免职了，困守在老家，面临双重危机：中年危机和事业危机。湖南的夏天本来就闷热，曾国藩愁肠百结，夜不能寐，在极端痛苦中，他拿起书架上的一本《道德经》，希望能从中获得精神慰藉。其间，他

---

①   谓如豹纹那样发生显著的变化。幼豹长大褪毛，然后疏朗焕散，其毛光泽有文采，比喻人的行为变好或势位显贵。——编者注

还写了几首读庄子的诗："为寻庄子知归处，认得无何是本乡。"实际上，曾国藩青年时期就读过庄子的作品，但是当时对"反者道之动，弱者道之用""上善若水，水利万物而不争""人之生也柔弱，其死也坚强，草木之生也弱脆，其死也枯槁"等类似的话，并未深刻领会。

时过境迁，再次读来，这些文字却像一道闪电一样劈入他的大脑。

曾国藩从小就受祖父的教导：男儿以懦弱无刚为耻（男子汉，就要刚强倔强、直面困难）。他后来才发现，原来自己的理解太片面了。

重读《道德经》时，曾国藩意识到，原来道家的圆融无碍与儒家的勇猛精进并不冲突。他在大脑中一遍遍回想自己从京城到起兵以来的种种情景，做了一次真正的大复盘，渐渐打开了心结。

他反思，自己中年之前，可以说是"胸多抑郁，怨天尤人"，不但不能养心，而且不能保身。他在官场上一再碰壁，不仅仅因为环境、其他人的问题，也与他自己的脾气、性格上的种种缺陷有关。他过去总是怀着强烈的道德优越感，自以为光明正大，人浊我清，很容易引起别人的反感。他找到了当日武昌告急时请求湖南巡抚骆秉章发兵求助的一封信。当时写信时，他觉得自己正大光明，理由充足，现在读来锋芒毕露，怪不得骆秉章回信说他刚愎自用，认为他根本就听不进别人的意见。

这种人生的全面反思，并不是从一件事或某一天开始的。它是一个过程，并非读了几本书，一下子就通透了，但总会有一个标志性事件。曾国藩在老家的大彻大悟，与王阳明的龙场顿悟颇有相似之处：跌入谷底，在极端环境中认知有了跨越式的突破，天地为之一阔。

曾国藩不再消沉，他致信各位好友，请大家给他多提意见。其中有一位曾经的幕僚叫罗汝怀，特别不客气，寄来了一封长信，把他骂了一通。这封信把曾国藩身上的致命弱点写透了：太自傲、太急切、一味蛮干、一味刚强。

曾国藩终于认识到，自己行事过于方刚，表面上看起来是强者，实际上是弱者。1857 年下半年，曾国藩写下了一句话"丈夫当死中图生，祸中求福"，并写下了自己的四大缺点：第一，偏激、好名，即过于重视获得好名声；第二，喜欢公开批评讨论别人的过错；第三，做事有始无终；第四，待人接物过于怠慢。怎么改正呢？他同样写出了四条：第一，在意别人在意的；第二，更多地表扬别人；第三，做事有始有终；第四，接人待物要更诚更敬。

后来，他的弟弟曾国荃先出山，曾国藩在给弟弟的信中反复反省自己。曾国荃本来性情刚烈，他看到自己的兄长一直反躬自责，回信说"大可不必如此"，曾国藩还和他在信中又讨论了一番。

与此同时，曾国藩帮助过的湖北巡抚胡林翼在千方百计为他创造出山机会。

这次出山后，曾国藩的朋友们惊讶地发现，曾国藩如同变了一个人，过去做事简单直接、不讲俗套的他变了，变得和气、谦虚、周到。到长沙后，他主动拜访大小衙门，而且应酬周到，每信必复。他对皇帝也不再直言不讳，奏折的风格沉稳谦逊。

通过这次彻底复盘，曾国藩完成了自己的中年"变法"。

以复盘实现组织成长

有意思的是，曾国藩从倭仁处受益良多，可以说，倭仁是曾国藩的老师，但是他们二人对实践的态度却完全不同。曾国藩极为重视实践，他创建水师时，从枪、炮、刀、锚的模式到帆樯橹桨的位置，都亲自试验，讲究身到、心到、口到、眼到，特别强调"苦下身段去事上体察一番"。他一生打仗不求奇谋，每次大战之前，都投入极大心血去研究敌我情况、战斗的部署、后勤的供应、出现不利情况如何救援等细节。湘军以善于"结硬寨、打呆仗"著称，每次安营扎寨，曾国藩对壕沟挖多深、围墙多高都有具体的要求，有时连临时的茅厕都要去勘查一番。曾国藩思想开放，他晚年的核心目标就是兴办洋务，一直对先进科技保有兴趣。

虽然倭仁学问精深且道德修养高尚，但他把理学读死了。他认为，国家的振兴在于君主的"正心"，只要皇帝加强自我修为，再加上贤臣辅佐，就能变乱为治。他反对引入西学，认为有损士大夫尊严的事情之一是"学习外语"；看不起洋枪洋炮，认为中国的古典天文算学强过西方天文学；至于抵抗外侮，"以忠信为甲胄，以礼仪为干橹"就够了。

倭仁认为"事功"不应该压倒"义理"，曾国藩则是"事功"与"义理"并重，这就是知行分离与知行合一的差别。中国文化名人成千上万，但对于企业家、创业者或者希望能"成事"的人而言，尤其佩服王阳明与曾国藩，就是因为他们的理论学了有用，功夫能落在实处。

不同的卓越公司对复盘有不同的描述和模型，但核心相似，即通过自省实现组织的成长。例如，华为的自省活动叫"自我批判"，会议每三个月或半年举办一次，要求全体中高管理层参与其中，这也是任正非始终坚持参加的会议。

日本丰田汽车公司的自省活动是"追问到底"的管理方法，即对公司新近发生的每一件事都采用追问到底的形式，找出根本原因。它将复盘演化为一个更为系统化的精益工作方法——A3 报告，即把问题的源头、分析、纠正和执行计划在一张 A3 纸上表示出来，并及时更新结果，而且要绘制价值流程图。

阿里巴巴则将复盘作为组织成长的工具，内部有人才复盘、业务复盘、流程和文化复盘等。由此可见，不管对组织还是对个人，复盘都是知识萃取、结晶，知行合一的有效方法。

复盘的三种角色、四个步骤

复盘易懂难精，它的逻辑一望可知，操作也不复杂，很多人初接触会觉得这与总结经验、反思教训没有什么区别，不值得深入研究。实际上，如果真正落到实处就会发现，从曾国藩时代的自觉和自律到发展为一种现代学习方法，复盘的每一个环节（发起与结论、设计与引导、分析与归纳等）都需要精心设计，对于如何不让复盘成为走过场、复盘中出现互相攻讦和推诿怎么办、怎样评估复盘效果等问题，都有严密的逻辑和科学的策略。

简而言之，一般的复盘可理解为三种角色、四个步骤：三种角色分别是引导人、设问人和叙述人；四个步骤分别是回顾目标、评估结果、分析原因、总结规律。

引导人的角色是维护正常的讨论氛围，保证讨论不会偏离复盘的主旨。他不能受复盘中任何观点的影响，因为他不关心观点的对错，只关注流程和讨论是否在框架内。他的权威性在于程序，而不是观点。他负责引导深入讨论话题、结束一个旧话题，开始一个新话题，宣布复盘结束。

引导人要清楚，自己不是主导人。在一场活动中，有串场主持人和分论坛主持人，串场主持人负责流程按照既定方向发展，即引导人；分论坛主持人会决定话题的深度和精彩程度，是主导人。对引导和主导认识不清是引导人最容易犯的错误。许多引导人过于强势，急于说出自己的观点或者对观点做出评判，特别是当引导人是团队领导者时，团队成员会更在意他的发言，这样就会打乱复盘的逻辑。引导人经常说的应该是"其他人对这个问题还有什么看法"，而不是"我对这个问题有个看法"。

设问人的角色是带动大家思考，不断探索事物的本质，发现隐藏在表面下的规律。引导人的角色是固定的，设问人的角色是轮流担任的，在没有叙述时，每一个参与复盘的人，都可以做设问人。

设问人有可能走向两个极端，过于尖刻或过于温和。尖刻就脱离了要复盘的内容，带有明显的个人情感，会令复盘失去安全的氛围。温和则是怕别人难堪，故意提简单的问题，甚至在叙述人难以回答或者回答有明显错误时，自己还要补台，帮助对方解释。设问人要时刻提醒自己不能犯这两个错误，而且要通过追问不断逼近内核，启发叙述人进入自己之前没有想到或不敢面对的部分。

叙述人是复盘的主角，即复盘内容的当事人。例如对某个投资项目的复盘，叙述人就是项目的主导者和参与者。复盘的成果建立在叙述人的叙述和如何回答设问人的问题上，同时，叙述人也是复盘最大的受益者。叙述人需具备一定的素养：逻辑清晰，能够跳出画面看画，能够真实、完整地还原事件。

不管个人复盘还是组织复盘，成败的关键都在于心态，复盘既不是批判会也不是表彰会。也就是说，对错误的责任追究以及对成绩的表彰肯定，都不应该呈现在复盘会上。复盘需要一个安全的氛围，讨论的是和自己直接相关的事情，如果心怀警惕，动作就会变形。复盘与表彰会和批判会恰恰不同，它需要的是情景重现和反复推演，因此要能完整地呈现事件。

我们再看复盘的四个步骤：回顾目标、评估结果、分析原因、总结经验（见表7-1）。

表 7-1　复盘的四个步骤

项目	回顾目标	评价结果	分析过程	总结规律
要点	• 目的 & 目标 • 目标：量化 + 可考核 • 目的：追补清晰 + 统一价值观 + 对表	• 亮点 & 不足 • 亮点：过分谦虚是骄傲 • 不足：引入海量样本 + 视野更广阔 + 结论更客观	• 分析成功：多列客观 + 精选真优 • 分析失败：深挖自身 + 狠挑不足 + 补短板	• 提炼经验：跳出画面 + 退得更远 + 体会 + 体验 + 反思 • 谨慎总结：时空观 + 行动计划
原则	开放心态、坦诚表达、实事求是、反思自我、集思广益			

第一步：回顾目标

回顾目标要回到原点，回想一下当初做这件事情的目的或期望的结果是什么。以联想集团发展历程为例，从销售汉卡到做 PC 代理商，再从做 PC 制造商进而开创联想自有品牌的 PC 制造业务，这些关键的转型始终围绕着最初的目标：在公司初创期不断发现机会，探索业务模式，以保证企业的生存。

需要注意的是，目标和目的不同，目标是"要达成什么结果"，目的是"为什么达成这个结果"。目标具有当下性，保证企业生存是目标，目的还是推动长远发展。

第二步：评估结果

评估结果就是对照原来设定的目标，检查完成度。这就需要用数据说话，如评价联想从代理向自有品牌的转型是否成功，到 2000 年，联想自有品牌计算机业务在中国市场的占有率为 27%，稳居第一，这就是一个指标。目标和结果之间需要相互匹配。例如2020年1月2日，雷军提出小米的战略目标是建设"5G+AI+IoT下一代超级互联网"，评估结果时，就不能只看这一年小米又卖了多少台设备，而是要综合考虑连接和激活了多少用户等指标。

第三步：分析原因

分析原因时，必须仔细分析事情成功或失败的关键原因。联想集团2020年第二财季净利润增长20%，但是营收仅增长1%。这就需要具体分析原因，最后得出结论：第一，大环境的利好；第二，新冠肺炎疫情下PC行业出现了周期性回暖；第三，战略方面的调整效果初步显现。具体战略调整是指，集团持续推进了"3S战略"——智能物联网、智能基础架构和行业智能。尽管营收只增长1%，但也是联想总营收持续增长的第九个季度，那么深入思考，保持这九个季度始终在上升通道的原因又是什么？

第四步：总结经验

总结经验包括：分析得失以及是否存在规律性的东西。与此同时，还要考虑下一步的行动计划。此时不要轻易下结论，否则就会不客观或者容易"自己骗自己"。

一两次的复盘未必真的能摸索到规律，只有通过若干次复盘，才能逐渐总结出一个规律的趋向。如果把不是规律的东西当成规律，那么结果会比不知道规律还要惨。柳传志曾有一个关键提醒：总结很需要。刚刚进入一个行业时，总结出来的并不一定能被当作规律运用。现在写下来的每一个东西，只能作为对未来的提示，只有经过反复论证，才能被当作结论，否则就是刻舟求剑。

向 AAR 模型学复盘

这一套复盘体系与 AAR 模型颇有相似之处。AAR 模型，即"行动后反思"（After Action Review），目的在于学习，而不是奖惩；重点是接受教训，快速行动，而不是反复分析。美国学者彼得·圣吉（Peter Senge）曾在《变革之舞》一书中反复提及 AAR 模型。

AAR 法分为六步，简洁明了。将 AAR 法与联想的复盘法结合理解是知行合一的大利器。

步骤一：当初行动的意图是什么？具体是指：当初行动时尝试要达成什么目标？应该怎样达成？

步骤二：实际发生了什么（what happened）？具体是指：实际上发生了什么事？为什么？怎么发生的？真实地重现过去所发生的事并不容易。有两个方法比较常用：一是依时间顺序重组事件；二是成员回忆他们所认为的关键事件，并优先分析关键事件。

步骤三：从中学到了什么（what have we learned）？具体是指：我们从过程中学到了什么新东西？如果有人要进行同样的行动，我会给他什么建议？

步骤四：可以采取哪些行动（what do we do now）？具体是指：接下来我们该做些什么？哪些是我们可以直接行动的？哪些是其他层级才能处理的？是否必须向上呈报？

步骤五：立即采取行动（take action）。知识存在于行动中，知识必须通过应用才会发挥效用，必须产生某些改变才是所谓的学习。

　　步骤六：尽快分享给他人（tell someone else）。具体是指：谁需要
知道我们生产的这些知识？他们需要知道什么？怎样把有用的知识有
效地传递给组织中其他需要的人？

　　总之，复盘的精髓就是质疑与反思，但它要比一般意义上的质疑和反思更
系统化、机制化。因为它是目标驱动型的学习总结，目的性更强，从梳理最初
目标开始便一路刨根问底，探究导致结果与目标之间差异的根本原因，然后总
结和体会。

本章核心内容

1.　复盘与儒家强调的自省精神一脉相承，孔子曾说"内自省"，曾子
　　提出"吾日三省吾身"，孟子提出"自反""反求诸己"。《易传》
　　把自省、修养称为"修省"，到宋、明两代的儒学大家则将"省
　　察"作为成为圣贤的基本功夫。曾国藩将这种自省精神的实用性
　　推到极致，并建立了一套完整的方法论。
2.　曾国藩在起点时拿了一把烂牌，但是靠极致的复盘精神，却打出
　　了"王炸"。
3.　通过写日记，在知中规范行，在行中又升级知，曾国藩的外在行
　　为连同内在气质，每天都在发生变化。没过几年，他就变得和初
　　入京城时，看起来不像同一个人了。内向的反思多一分，成长就
　　多一分。

4. 复盘是一个持续终身的过程，它会不断逼近你最不敢面对的地方，而真正的复盘都发生在最痛苦的时刻。

5. 倭仁认为"事功"不应该压倒"义理"，曾国藩则是"事功"与"义理"并重，这就是知行分离与知行合一的差别。

6. 复盘工作法可理解为三种角色、四个步骤：三种角色分别是引导人、设问人和叙述人；四个步骤分别是回顾目标、评估结果、分析原因、总结规律。

7. 不管个人复盘还是组织复盘，成败的关键都在于心态，复盘既不是批判会也不是表彰会。也就是说，对错误的责任追究和对成绩的表彰肯定，都不应该呈现在复盘会上。

8. AAR 模型，即"行动后反思"（After Action Review），目的在于学习，而不是奖惩；重点是接受教训，快速行动，而不是反复分析。

第八章

提问力：细颗粒度探寻事实细节

提问是思维的体操。只有通过提问，才能细颗粒度地回归细节。

"魔鬼都在细节中""细节决定成败"，中国传统谚语也讲"失之毫厘，谬以千里"，这些都是在强调细节的重要性。在复盘过程中，大的逻辑和方法一点就透，按照步骤向前推进即可，差别都在细节处，细节不到位，复盘就只能停留在表面，变成了表演复盘。

这就是复盘与案例法的不同，案例法是向别人学，复盘是向自己学，二者不能互相替代。只有深度剖析案例，才能采众家之长，但因为操盘的是别人，只能靠推演或模拟，不管剖析得多么详细都永远无法进入当时的场景，而复盘的对象是自己，可以无限真实地还原过程。

个人复盘更需要从细节处入手，这就如同曾国藩所说的"研几"。个人在大脑中把已经做过的事快速过一遍或者几分钟的静思，都是复盘，但因为没有他人监督，很容易忽略真实的细节，唯有静下心来，给自己提出一系列问题并予以解答，才能做到有所收获的复盘。

真实世界都是复杂多变的，如同盲人摸象，每个人所了解的都只是一部分。我们被认知错觉包围，所懂的、所见的、所记忆的、所以为的、所知道的等，都有可能不是真实的。成功复盘的基础必须建立在"铁一般的事实"之上。我们在复盘上投入大量的时间和精力，但如果不懂提问的技巧，不能找到事实，那么可能从错误的起点出发，总结出错误的规律。

学会倾听

倾听是复盘的热身运动，正如海明威所言：我们花了两年学会说话，却要花上 60 年来学会闭嘴。在此之后可以补充一句，要用一辈子才能学会倾听。曾国藩擅长复盘，靠的不仅仅是自己关起门反思，也得益于打开门倾听倭仁、唐鉴等师友的提点，虽然时常被他们批评得汗流浃背，但是他们的批评指正也帮助他更清晰地看到问题的本质。

研究人类问题的专家早已发现，接收信息的能力相对于输出信息的能力更需要改善。一个不善于听的人不是好的学习者，因为抓不住核心，更会忽略重要的细节。很多伟大的作家，如海明威、村上春树、王尔德、乔伊斯等，有一半的作品都是在小酒馆完成的。小酒馆中有浓郁的生活气息，可以倾听和观察流浪汉、出租车司机等各种人物的发言，抓住生命中一闪而过的细节。

复盘中有以下几种类型的人，你可能都遇到过：叙述人自己说得很热闹，但听众要么盯着电脑，要么目光呆滞地看着叙述人，要么特别喜欢插嘴，每次叙述人一句话还没说完，他就迫不及待地表达自己的观点；复盘的引导人嘴里说着"下面该某某发言"，可对方刚一开口，他却只顾说自己的看法，根本没有给对方阐述的机会；设问人提出问题后，自己先滔滔不绝地给出答案。

有时你觉得对方的行为给你造成了困扰，别忘了，说不定你自己有时就是这样的人。倾听需要技巧与训练，无论在家庭生活中还是在职场工作中，一方面，我们希望尽量从别人那里获得有效信息；另一方面，我们也希望能把自己的信息传递给别人，但这二者之间的平衡并不容易把握。

现代人在沟通上的时间，在听与说之间如何分配，难以有准确的平均值计算。我自己做过测试，2019 年之前，我大约每天在沟通中有 50% 以上是自己在说，40% 时间是在听，只有 10% 算是在投入地倾听。此后我努力克制自己表达的冲动，少说多听，在聚会场合也尽量引导别人多发言，把自己听说比差不多调整到 7∶3。这时，我感觉整个世界都清朗了，大量隐藏的细节都浮现在眼前。

其实，每天需要说的话没那么多。我们总是不停地说，第一种原因是身份焦虑，希望给别人留下卓越、深刻的印象；第二种原因是释放某种信号，达到某个目标；第三种原因是为了避免尴尬，弥补交流中的空白。

善于倾听的人，会在复盘中得到三种有益结果。第一，可以鼓励发言者。如果对方发现你诚恳自然地听他说话，就会放下戒备，反过来也专心听你讲。第二，更充分地获得信息。良好的倾听技巧有助于从对方那里获取完整的细节。第三，增进关系，加深彼此了解。虽然我们说复盘要保持开放的心态，跳出自己的思维定式，但这仅仅是理想状态，毕竟说的是和自己直接相关的事，难免气氛紧张。

当你善于倾听，大家相处起来就会变得更容易，即使彼此个性不同，如张三性格内向、李四性格外向、老王需要鼓励、老周需要指导，在复盘中也会减少摩擦。

在日常沟通中，倾听也很重要。例如在家庭教育中，如果你不急于对孩子的行为进行评价，就不会产生误会，他们才愿意和你谈心。我女儿上中学时经常刷手机、看短视频，我也批评过她很多次，让她很反感。某天坐下来，我请她给我讲一讲 B 站百大博主她最喜欢谁，抖音最近流行的剪辑风格等。在这个过程中，通过她，我了解到年轻人真正的关注点、消费观以及影响他们的力量。

然后，我再向她提出条件，如每周可以看多长时间视频，什么时间看。因为刚刚她已经充分地阐述了自己的看法，心态也很积极，我们以前所未有的速度达成了共识。

检测自己的倾听能力

听不是用耳朵，而是用心，只有全身心地理解别人的渴望、感受和情绪，才是倾听。特别在复盘时，倾听是第一步，需要以平等的姿态来引导对方。这种引导，要以对方内心深处的认可为前提，在复盘中需要了解对方内心的想法，然后有针对性地提问。只有听到信息并理解了才算是"沟通"，否则，听到的只能算是噪声。你可以试着回答以下九个问题，以此判断自己在复盘中是不是善于倾听的人。

1. 叙述人叙述时，你能做到不受到对方的情绪、态度或其他因素的影响吗？

2. 叙述人的表达有些枯燥，你能保持微笑、看着对方并鼓励对方说完吗？

3. 叙述人的观点与你的观点产生分歧，你会等他讲完再表达自己的观点吗？

4. 叙述人对某一部分的复盘别人已经讲过，你能克制住自己插嘴的冲动吗？

5. 评判叙述人的观点和内容时，你会注意到自己内心的偏见吗？

6. 叙述人的复盘中存在明显错误，你会把注意力放在错误上，还是寻

　　找他讲得对的地方？

7. 你会尝试找出叙述人说话的逻辑和重点吗？

8. 你会把注意力一直放在复盘的主题上，跟着引导者的思路吗？

9. 你会注意到叙述人字面意思之外的"潜台词"吗？

你需要诚实回答以上九个问题，因为自欺毫无价值。

如何做到"专心"倾听

　　要想在复盘中做到高质量的倾听，核心要素是"专心"。要想做到"专心"倾听，可以从以下五个方面入手。

1. 要从心理上做好"听"的准备

　　正如《沟通圣经》中描述的，对听的心理"准备好"，意味着要有正确的态度，愿意保持专注力、增加警觉性和理解力，并且拥有相关的背景知识。假设对某个营销项目复盘，而且是一个失败的项目，就要提醒自己，一旦涉及真问题，就会触及很多人的利益，会有讨论、分析和博弈，遇到这些冲突如何保持倾听的姿态。

2. 即使表演倾听，也要演到自己都相信

　　坦率地讲，复盘不是脱口秀大会，无法以是否有趣为标准。如果你觉得对方的发言毫无意义，那么作为听众，你至少负有一半责任。其实任何信息在任何时间都有可能对你产生意义，这也是对发言者最好的尊重。在灯塔知行社第

七期进行复盘演练时，一位社友在公共场合发言会焦虑，说话速度比较慢，还有点磕巴，但大家每次听他说话，都会表现得特别专注，他自己的信心也越来越充足，表达也越来越流畅。

3. 要警惕自己的偏见

如果听众先入为主地产生偏见，就可能会把与自己看法不一致的信息提前排斥掉。每个人的大脑中都有一个开关，某个词触动这个开关，就会引发情绪。

特别是在复盘中，难免会发生观点与事实的分歧，一旦遇到与自己抵触的信息，我们就会感觉受到了威胁或侮辱，这会让自己被成见控制。之前我们说要表现出对发言者的尊重，但关于对方提出的假设与理由，我们要保持中立而批判的态度。

4. 不要随便插话打乱节奏，要做出鼓励发言者的反应

认真倾听，并不意味着保持沉默，特别是对引导者而言，对方出现停顿时，你要做出反应，这样能够让发言者感受到你在认真地听；此外，你也可以借此确定自己真的听懂了对方在说什么。我在公司内部复盘时经常玩一个游戏：在讨论中，每个人发表意见之前，先要总结上一个人的说法。

5. 所有的肢体语言都是倾听的一部分

在沟通过程中，你所做的每一件事，都是倾听。假设上午要开复盘会，你出门前刚和太太吵了一架，走出家门，耳边还回响着老婆的咆哮声。堵在路上时，你满脑子都是两人到底从哪一句开始吵架的，局面是从哪一句开始变得不可收拾的，老婆说了什么，自己又说了什么，越想心里越别扭。到了公司，你

发现自己迟到了，心里气愤不已，但强作镇定。你打开大门，迎面遇到了老李。老李是你多年的搭档和好朋友，他亲热地与你打招呼，但你匆匆走过老李的身边，根本没有搭理老李。老李也心中不悦，心想你是不是觉得上一个项目复盘时他故意刁难你？其实，你只是沉浸在自己的情绪中，但是不满的种子就这样埋在老李的心中。坐在会议桌前，老李对你的复盘叙述可能就很难保持客观的态度。

你和老李就这样完成了一次不愉快的沟通，而你自己浑然不觉。我们时时刻刻都在表达，也都在倾听。倾听不只是发现细节，倾听本身就是细节，不管滔滔不绝还是沉默寡言，不管有意识还是无意识，连我们衣服上的一粒纽扣、鞋上的一点污渍，也都是在向对方释放信息，营造倾听的场域。

好问题比好答案更重要

掌握了倾听的技巧之后，就可以进入提问阶段。只有通过精心设置的问题，复盘才能层层深入。

好问题比好答案更重要。我女儿4岁时，有一天从幼儿园回来，问我："爸爸，香蕉为什么是弯的？"这一下把我问住了。当然，我可以上网搜索一下，找到标准答案："在生长过程中，香蕉内外侧接受阳光照射的程度不同，生长速度也不一样。内侧受到阳光照射少，生长较慢；外侧受到阳光照射多，生长较快。生长快的一侧会往里挤压，使外侧发生弯曲，因此香蕉是弯的。"

虽然这个答案是正确的，但对女儿来说毫无意义，她失去了本来可以继续探究学习的机会。于是我换了一种方式，反问女儿："为什么苹果是圆的呢？"这激发了女儿的好奇心，我们翻阅了一下午植物学的儿童绘图本，把这个问题变成了一堂植物学课程。

其实大多数人都有提问的习惯，只是没有掌握提问的技巧。比如，大家都喜欢问："是什么？"这是为了寻求确定的答案。真正的复盘高手会一层层逼着你去思考，他们经常会问："这件事怎么变成这样的？""你是怎么想的？"

以生活中的复盘为例，假设孩子某次数学成绩考得特别不理想，如果你想让自己更闹心，就去问孩子"为什么"。这样做会得到什么答案呢？考题太难吗？这次粗心了？状态不好？除了让你和孩子更烦恼，类似答案毫无价值。既然成绩不理想已是既成事实，如果想让这次挫折对孩子有所帮助，应该提的问题是："咱们分析一下从考试前的准备到考试的过程，都发生了什么？"

其实，复盘中的提问是对答案形成过程的探求，而非对答案结果的探求。例如，老王和客户发生了矛盾，如果他的问题是："为什么客户说我写的文案像一坨狗屎？"这不过是对别人质疑的一种反弹。他可以把这个问题换成："为什么客户对我所写的文案会产生这种印象？"真正的复盘高手，习惯于从终极标准层面向对方提问，不是问对方如何看待当下这件事，而是问对方处理此类事务时都考虑了哪些因素。

公司有一次团建，人力资源部门经过各种调研、准备，最终选择去黄山。很多同事对此都有不同意见，人力资源部门的同事很郁闷，一直追问："你为什么觉得黄山不好？""你认为去哪里好？"后来，我带着她一起复盘，得出的结论是她提错了问题，应该问："你认为公司团建要解决什么根本问题？""关于团建，你会从哪几方面考虑？"探讨的过程，是倒逼每一个人思考"团建"背后的意义何在，并对"团建"的目标达成共识，在此基础上，再判断去哪个地方。

5why 分析法

复盘中提问的最佳技巧，是沿着一个方向追问，步步紧逼，立不住脚的细节会立刻暴露出来。这如同贴身肉搏，拆招、换招都在方寸之间。丰田公司著名的"5why 分析法"，就是通过连环追问，找到问题发生的真正原因，进而追寻有针对性的解决方案。

5why 分析法提出的背景是，在第二次世界大战后，丰田汽车年销量急剧下降，而且出现工人罢工和原材料供应不足的状况，丰田濒临破产。时任丰田汽车公司副社长的大野耐一日思夜想：为什么美国工厂的生产率比日本的高出几倍？一定是日本工厂存在大量的浪费。那么，如何找到更好的生产方式？通过对生产现场认真细致的研究，丰田最终形成了一套严谨成熟的"准时生产"体系。这就是影响了全世界的"丰田生产方式"。

5why 分析法是丰田生产方式的一部分，即对一个现象追根溯源，先明确问题是什么，用丰田的术语来说就是"摸清情况"，然后接连问 5 个问题。

例如，一台机器不能正常运转了，你就要问："为什么机器停了？"

"因为超负荷，保险丝断了。"

"为什么超负荷了？"

"因为轴承部分的润滑不够。"

"为什么润滑不够？"

"因为润滑泵吸不上油来。"

"为什么吸不上油来？"

"因为油泵轴磨损，松动了。"

"为什么磨损了？"

"因为没有安装过滤器，混进了铁屑。"

这就是把问题剥到底层，反复追问，如果"为什么"没有问到底，那么可能到换上保险丝这一步就结束了。这样过几个月，老问题又会出现。所谓"5 why"，5只是一个概数，也可以问到8个、10个，如铁屑是怎样混进来的，直到把砂锅打破。

连续追问，看起来简单，其实并非随便找5个问题就抛过去，而是需要精心设计，用数据说话，再配合现场调研，找到正确的问题。

不善于提问的人，学习思维模式会以别人为中心，掌握不了以自己为中心的复盘。这样的人就算把《穷查理宝典》翻烂了，芒格的思想还是芒格的，和他一点关系都没有。正确的阅读方法不是说："哇，芒格的模型思维好牛啊，我要把他误判心理学这一部分的模型拿过来用。"而是要问："芒格的这种思维是怎么形成的，他曾经在误判的过程中付出了哪些代价？""结合我自己的教训，再对照芒格的理论，能复盘出什么？"

好的追问要点在于聚焦

追问是复盘的利器，但是前提是选对问题和角度，否则就像在水泥地上打井。《麦肯锡传奇》中对此有一段精彩的评价：

> 企业倒闭最常见的原因不是对正确的问题提出了错误的答案，而是对错误的问题提出了正确的答案。我见过太多的企业一次次做出看似最佳但却是建立在错误假设之上的决策，结果一点一点地把自己逼上了死路……麦肯锡要想帮助客户免遭倒闭的厄运，就必须找准问题……

例如，还是一台机器不能正常运转了，你想通过 5why 分析法找出原因。

问题 1：为什么机器不动了？

答案 1：因为超负荷，保险丝断了。

问题 2：为什么没有提前发现超负荷的问题？

答案 2：负责检查的李四少做了一次巡检。

问题 3：李四为什么少做了一次巡检？

问题 3：李四的孩子生病了，他当天陪孩子去医院了。

问题 4：为什么没有人接替李四的工作。

答案 4：临时抽调不出人手。

问题 5：为什么要临时抽调，不提前安排好？

答案 5：因为缺少相关的巡检预案。

最后复盘得出的结论是"缺少相关的巡检预案"，相对应的补救策略就是制定相关预案。这个解决方案也有价值，但是它偏离了本质：即使再完善的巡检流程，如果最终没有意识到是过滤器混进了铁屑，那么类似事故还会再次发生。

为什么会跑偏呢？因为问题沿着平行的方向展开了，主角从第二个"为什么"开始，就不再是"机器"这条线，而是"李四"。

一个好的追问，在于聚焦要点。造成一个结果的原因有很多，我们要沿着因果关系链条拨开层层迷雾，追问时要考虑安排问题的排序。

复盘中的提问通常有三种顺序：第一种是漏斗顺序法，从广泛的开放式问题开始，然后渐进到封闭问题；第二种是反漏斗顺序法，即从具体的封闭式问题开始，渐进到广泛的开放式问题；第三种是隧道式顺序法，由一连串类似平行问题组成，如按照事件发生的顺序，让别人讲一下过程。

追问时最常用的是隧道式顺序法，在探讨到具体部分时，可以交互使用漏斗顺序法和反漏斗顺序法。不管采用哪种顺序提问，问题都可以分成三个层面，即事实层面、逻辑层面和假设层面。

复盘过程中必然会包含大量事实，这些事实并不仅仅局限在事件本身，还可以放在一个坐标系中，包括同行的、跨界的、历史的。通过提问，我们要找出是否遗漏了关键性的事实或者说修改了事实，因为复盘的基础就是建立在事实之上的。机器不动了、保险丝断了、润滑泵吸不上油来、李四少做了一次巡检，这些都是事实，事实的颗粒度要越细越好。

当事实获得确认之后，向下走一步就需要探讨事实之间的关系，以此判断事实是否被误用了，对同一事实的解读是否存在歧义，论证和推理之间是否有对应关系。"保险丝断了"和"李四少做了一次巡检"，虽然都是事实，但并不是"李四少做了一次巡检"导致"保险丝断了"，"少做了一次巡检"只是导致"没发现保险丝断了"。搞清楚这个逻辑，问题就会回到正确的轨道上。

假设层面是更深的逻辑。假设会让叙述人选择一些信息的同时对另一些信息视而不见，也会让叙述人强化或弱化一部分信息，这会对复盘造成干扰。设问人与引导人要发现叙述人做了哪些假设。找出叙述人可能的假设，问自己，这些假设有没有道理？如果是明显错误的假设，找到了论证中的谬误，也可以暂时将论证放到一边，你需要通过评价假设辨别谬误、过滤偏见。例如关于"为什么没有提前发现超负荷的问题"，叙述人隐含的假设是"李四少做了一次巡检"才是最重要的原因，如果沿着这个方向追问，就等于接受了这一假设。

追问中的"三现原则"

通过追问复盘出本质的另一个经典案例是"杰弗逊纪念馆墙壁防腐"。20 世纪 80 年代，美国联邦政府发现华盛顿的杰弗逊纪念馆墙壁受腐蚀损坏严重，于是请了专家前来调查，并有了一连串的经典问答。

1. 问：为什么大厦表面斑驳陈旧？

答：最先认为的原因是酸雨，进一步实验发现酸雨的作用没有如此明显。（专家发现，冲洗墙壁所用的清洁剂对建筑物有腐蚀作用，该大厦墙壁每年被冲洗的次数远远多于其他建筑，腐蚀情况自然更加严重。）

2. 问：为什么要经常清洗？

答：因为大厦被大量燕子的粪便弄得很脏。

3. 问：为什么会那么多燕子的粪便呢？

答：因为燕子喜欢聚集到这里。

4. 问：为什么燕子喜欢聚集到这里？

答：因为建筑物上有它们喜欢吃的蜘蛛。

5. 问：为什么会有蜘蛛？

答：蜘蛛爱在这里筑巢，是因为墙上有大量它们爱吃的飞虫。

6. 问：为什么有这么多飞虫？

答：因为飞虫在这里繁殖得特别快。

7. 问：为什么飞虫在这里繁殖得这么快？

答：因为傍晚时尘埃在从窗外射进来的强光作用下，形成了刺激飞虫生长的温床。

"傍晚拉上窗帘"，杰弗逊纪念馆墙壁防腐的问题用这种低成本的方式解决了，大厦至今完好无损。

这里要注意的是，在这一连串的追问中，专家为什么没有跑偏？因为他们遵循了本田的"三现主义"，即现场、现物、现实。具体而言，现场是实地考察，见证杰弗逊纪念馆正在发生的问题，即与环境中的要素发生实在的联系；现物，就是燕子的粪便；然后回归现实，立足实际情况做出评判，通过实验发现了造成腐蚀的根源是清洁剂。

带着批判性思维提问

问题有不同的类型，具体可以分为直接问题、是非问题、两极性问题、引导性问题、暗示性问题、开放式问题、提示性问题、探究性问题等，不同问题适用于不同场景。

某些问题并不适用于复盘场景下，如两极问题，这会限制了问题的答案。例如：你觉得这个项目成功了吗？这种提问方式会让被问的人无法表达内心真实的想法。

再者是引导性问题，善于心理操控的人经常采用这种问题，能够一步步引导对方接受自己的想法。例如：你不觉得这个项目失败得很惨吗？类似问题会让对方觉得有压力或受到攻击。

还有就是暗示性问题，如记者在采访时经常会问："你对这个失败的项目怎么看？"它并不像引导性问题的导向性很明显，但其中的关键词已经暗示提问者想要的答案。记者有可能故意提出类似问题，以此考察受访人在压力下的反应或者坚持立场的能力。

通过提出开放式问题，我们常常可以由此判断对方的思考能力。例如：谈谈这个项目吧？虽然这种问题回答起来自由度高，但是往往只会得到空泛的答案。

因此，提问者可以将开放性问题与提示性问题搭配使用，从而引导那些大脑中没有成型答案的人厘清思路。例如：谈谈这个项目吧。然后停顿一下再问："为什么最初选择了 A 方案而不是 B 方案？"

复盘中常常通过探究性问题可以获得更多的细节，如例子、说明、解释等。例如：在社交平台上投放广告的过程，计算投放头部达人和腰部达人的投入产出比（Return on Investment，ROI）差异，请问："这个测算的采样范围是怎样的？"

能让复盘更具价值的提问，可以遵循以下的清单。

1. 事实是什么？（大厦表面斑驳陈旧）

2. 和这个事实相关的理由是什么？（酸雨、清洁剂或者其他）

3. 设问人和叙述人对同一个词语的意思理解一致吗？（对斑驳陈旧程度的定义）

4. 到哪里寻找假设？（通过实验验证）

5. 论证中是否有谬误？（确定燕子聚集到这里是喜欢吃蜘蛛？）

6. 证据的效果如何：来自直觉、个人经历、案例分析、当事人的证言、个人观察还是专家的意见？（经过动物学家提供的专业意见，蜘蛛

确实是这种燕子最爱的食物之一）

7. 是否有可以替代的原因？（除了吃蜘蛛，燕子聚集在这里是否有其他原因？）

8. 数据或事实有没有欺骗性？（光线与飞虫繁殖快之间的关联是如何得出的？数据支撑在哪里？）

9. 是否有重要的信息被忽略了？（除了光线，大厦中是否存在其他有利于飞虫繁殖的条件？）

复盘四步法中的常用问题

接下来，我们根据复盘四步法看每一步应该如何提问（见表8-1）。

表8-1　复盘四步法使用示意表

阶　段	关键问题	交　付
回顾目标	• 最初行为的目的是什么？ • 希望达到的目标是什么？ • 其中最关键的指标是什么？ • 目标是怎样分解的？ • 当时确定目标的论据是什么？ • 论据是否发生了变化？	了解对目标的理解是否一致，如果出现不一致，这种差距是如何产生的

（续）

阶　段	关键问题	交　付
评估结果	• 结果与目标之间的差异在哪里？ • 评估结果的标准是什么？ • 与目标相比，哪些地方超出预期，哪些地方没有达到预期？ • 结果可以分解成几个部分？ • 哪个部分是目标之外的？	对比结果和目标，并清晰定义其中的差异
分析原因	• 结果是怎样发生的，在什么情况下，发生了哪些事？ • 导致结果的客观原因是什么，主观原因是什么？ • 判断这些原因的依据是什么？	回到执行的细节，找到最本质原因
总结规律	• 可以吸取的教训是什么？ • 需要坚持的做法是什么？ • 有哪些行为要避免？ • 有哪些行为要增加？ • 怎样证明这些规律的普遍性？ • 接下来采取的行动是什么？ • 哪些行动可以马上开始？ • 哪些行动需要进一步讨论？	知与行的螺旋式上升

第一步：回顾目标

目标是行动的出发点，也是我们期望达到的终点。

在回顾目标时，我们应该探究的第一个问题是：你与你的上司、同事，对于目标的理解一致吗？

这个问题看似普通，但被很多人忽略了。制定目标时鸡同鸭讲，制定目标的人没有讲清楚自己想要什么，接受目标的人也不敢详细问，最终抵达了不一致的终点。

其实，目标不一致的情况时有发生，因为组织与个体之间的目标不一致，个体与个体之间的目标也不一致，即使同一个项目的成员，对目标的理解往往也不一致。如果对目标的理解不一致，就会导致各方之间发生分歧或冲突。如果复盘中发现大家对目标缺乏共识，要么终止复盘，要么马上讨论。否则在后续复盘中，就会进入各自理解的语境，导致复盘难以继续。例如，领导定下的目标是第三季度业绩翻番，实际是指利润翻番，同事理解成了营收翻番。在这个过程中，又没有及时对表，最终导致的结果可能是通过各种促销和投放，营收超额完成了目标，但利润反而下滑了。

第二步：评估结果

在此环节的提问，方向是只描述结果，不分析原因，只讲事实，不讲观点，最应该探讨的问题是结果与目标的差异是什么，找到实际的结果与希望的目标之间的差距。重点不在于差距有多大，而在于出现差距的地方在何处。

目标与结果之间的差距，并非一刀切的。例如：结果超越了目标，比预期还好；或者结果不如目标，完成度不够。这两种情况比较容易判断，有可能是结果中出现了目标中没有的内容，或者目标中有的内容没有完成，有的超额完成了。要识别这样的情况，就需要以问题为"手术刀"。

例如：一名汽车销售员的目标是当月卖出 3 台价值合计 50 万元的运动型多用途汽车（SUV），结果只卖出了两台，看起来没有完成目标。向下追问，是否有"附加的结果"，发现他还卖出了两台价值各 30 万元的轿车。如果销售目标是 50 万元，超额完成目标；如果目标是推销 SUV，则没有完成目标。关于结果与目标差距之间的事实，要在问答中展示清楚，如此才能继续向前推动。

第三步：分析原因

分析的对象是第二步目标与结果之间的差距，在此环节，要通过问题发掘原因的广度和深度。如果问题错了，我们就很容易对因果之间的关系得出简单、粗暴的结论。实际上，生活与工作中充斥着大量的因果谬误，如相关性并不等于因果性，忽略了这一点，就会产生"幸存者偏差"。

在美国学者纳西姆·尼古拉斯·塔勒布（Nassim Nicholas Taleb）所著的《随机漫步的傻瓜》一书中，举了一个幸存者偏差的典型案例。

马克先后毕业于名校哈佛大学和耶鲁大学。在勤勤恳恳工作多年后，他成为一家规模非常大的律师事务所的合伙人，年收入高达 50 万美元。但是在举家搬到纽约曼哈顿西区的一个高档住宅区后，马克的老婆珍妮越来越焦虑。原因在于，在他们生活的那个街区，左邻右舍个个都是亿万富翁。他们出行有司机，回家有保姆，甚至还有不少人拥有私人飞机和游艇。与这样的邻居相比，马克一家子可谓"寒酸至极"。

马克的家庭收入比美国 99.5% 的家庭都要高，高于 90% 的哈佛大学毕业生。但是他的老婆错误地将自己与那些成功的"幸存者"比较，因此造成了心理落差，真可谓"自找麻烦"。

在天使投资领域，充斥着大量类似的"幸存者"偏差故事，如人们津津乐道的，就是当年怎样在阿里巴巴、腾讯、拼多多、字节跳动初创阶段时，发现了它们的价值，最终从中赚到了多少倍回报。

但这是典型的"幸存者"思考法。对投资者来说，难点不在事后诸葛亮，而是在事前沙里淘金。提不对问题，就难以建立起真实的因果关系，无法建立因果关系，就难以做出正确的行动指导。

第四步：总结规律

复盘的结果描述是不在同一块石头上跌倒两次。如果回顾目标是复盘的入口，总结规律就是复盘的出口。在总结规律环节，需要注意的是，所提的问题不能在不可控的要素上纠缠不清。例如销售部门的复盘，目标是第三季度营收达到 2000 万元，结果达成 1500 万元，复盘出的原因有三项，其中一项是：因为作为最大客户群的新消费行业遇冷，投放减少。在总结规律时，就不能问："如果新消费行业在第四季度继续下滑怎么办？"因为这是将规律放在了不可控的外部环境上，正确的问题是："根据第三季度情况，第四季度重点客户分布应该做哪些调整？有没有准备一套预案？"

此环节的提问，要警惕证实性陷阱。所谓证实性陷阱，是指心中已有一个自己接受的规律，然后所有问题都围绕着要证实这个规律的方向。我们可以回想一下自己买车时的情形，如果已经买了，然后看到网上有关于这辆车的两份性能排名，排名的参考标准分别是燃油效率和碰撞测试的结果，你会更关心哪一份呢？

大多数人的选择是"哪一份能证明我买了一辆好车，我就更关心哪一份"。这与人类的心智设计模式有关，我们善于从记忆中检索信息，将暂时的假设视为正确的。

我与高途课堂的创始人陈向东老师探讨过一个问题：面试时如何提问？陈老师有一个特别好的建议，那就是不管坐在你面前这个人多么优秀，先要假设这个人不合适，沿着这个方向提问，然后看看对方是如何说服你的，这就是与证实陷阱对抗的方法。

本章核心内容

1. 在复盘过程中，大的逻辑和方法一点就透，按照步骤向前推进即可，差别都在细节处，细节不到位，复盘就只能停留在表面，变成了表演复盘。

2. 倾听是复盘的热身运动，正如海明威所言：我们花了两年学会说话，却要花上 60 年来学会闭嘴。在此之后可以补充一句，要用一辈子才能学会倾听。

3. 善于倾听的人，会在复盘中得到三种有益结果：第一，可以鼓励发言者；第二，更充分地获得信息；第三，增进关系，加深彼此了解。

4. 听不是用耳朵，而是用心，只有全身心地理解别人的渴望、感受和情绪，才是倾听。特别在复盘时，倾听是第一步，需要以平等的姿态来引导对方。

5. 所有的肢体语言都是倾听的一部分。在沟通过程中，你所做的每一件事，都是倾听。

6. 复盘中的提问，其实是对答案形成过程的探求，而非对答案结果的探求。

7. 不善于提问的人，学习思维模式会以别人为中心，掌握不了以自己为中心的复盘。

8. 不管采用哪种顺序提问，问题都可以分成三个层面，即事实层面、逻辑层面和假设层面。

9. 追问中的"三现主义"：现场，即实地考察，与环境中的要素发生实在的联系；现物，即研究与现场有关的证物；现实，即立足实际情况做出评判。

10. 生活与工作中充斥着大量的因果谬误，如相关性并不等于因果性，忽略了这一点，就会产生"幸存者偏差"。

第九章

螺旋力：在知与行的相互作用中上升

复盘并非止于对之前"行"与"知"的深刻总结，而是知行合一的跃迁。卓越的复盘者不能满足于通过经验数据和演绎推理进行分析，而是遵从内心的理想与目标，实现归纳性的螺旋上升。

我见过一些公司和个人特别沉浸于复盘，每战必总结，遇事就反思，最终总结出来的内容也很有价值，但是行为却没有多大的改变。这源于对复盘后如何行动没有清晰的认知，在螺旋中被卡住了，只能回到原点。

也有人把复盘后的行动理解为执行，将执行视为重点，其实二者并不完全一致。执行是"保质保量完成自己的工作任务"，强调没有借口，注重细节，而复盘不仅盯着执行本身，还要关注执行前后的阶段。

螺旋力是本书最后一章，知行合一的显性作用是对知识的探求、获取、访问、积累、编辑与存储，隐性作用则是对知识的采纳、应用、传播和转化，二者每时每刻都在相互作用、相互转化。

在这一章，我们将从目标、本质、良知三个方向着手，由浅入深拆解何为螺旋力。

以目标始，以目标终

复盘是从回顾目标出发，也要从制定目标开始下一个循环。经过复盘，总结出规律以及一大堆需要修正的行为，你可能会产生迫切的愿望，即马上行动起来，但是请暂且克制，行动必须以目标来统领。

1954年，现代管理大师德鲁克在其名著《管理的实践》中提出了目标管理的概念。他认为，并不是有了工作才有目标，相反，有了目标才能确定每个人的工作，所以"企业的使命和任务必须转化为目标"，如果一个领域没有目标，这个领域的工作必然被忽视。因此，管理者应该通过目标对下级进行管理，当组织高层管理者确定了组织目标后，必须对其进行有效分解，转变成各个部门以及各个人的分目标，根据分目标的完成情况对下级进行考核、评价和奖惩。

对个人而言也是如此。王阳明和曾国藩都有清晰的目标，在目标的指引下，他们才能忍常人之不能忍。

定目标最忌随心所欲，"拍脑门决定，拍胸脯保证"，必然导致"拍大腿哎呀，拍屁股走人"。

怎样判断什么是好的目标呢？我们可以借鉴德鲁克提出的 SMART 法则。SMART 法则由该原则的英文单词首字母组成，分别是：具体的（Specific）、可衡量（Measurable）、可达到（Attainable）、相关性（Relevant）、时效性（Time-based）。

第一，目标必须是具体的，能明确描述内容及结果。这是谁的目标？是上司的、下属的，还是自己的？为什么要制定这样的目标？对这个目标的具体描述是什么？我在公司制定了目标之后，通常会请相关同事复述一下目标是什么，然后大家对一下表，看对目标的理解是否一致。例如，你定下的目标是下个月开拓 10 个新客户，大家就需要有一致的理解，此处"开拓"的具体含义是什么？是拜访、签约，还是收到首付款？

第二，目标必须是可衡量的，这意味着目标要尽可能地量化。要有一组明确的数据作为衡量是否达成目标的依据，使制定人与考核人有统一的、标准的、清晰的、可度量的标尺。量化可以从数量、质量、成本等维度来制定，对于实在无法量化的部分，也要尽量通过流程化的方式，让目标更可见。

我们要规避用"努力达成""做到最好"之类的形容词来描述目标，否则在下一次复盘时就会陷入茫然：多努力才算努力？最好是多好？

第三，目标是能够达到的。能够达到，并不意味着唾手可得，而是"踮起脚尖才能够得到"，具有挑战性，需要花费力气，也并非遥不可及。如果你给同事定一个目标，让他下个季度业绩翻 10 倍，那么不如直接开除他算了。确定目标的可行性，可以根据上一次结果与目标之间的差异作为参照系。

有些目标看起来几乎不可能实现，但其实已经有先例或者有权威的资料证明是可以达到的。例如：王阳明和曾国藩的目标看起来高不可攀，但儒家理学的一个重要观点是"人人皆可为圣贤"。因此这个目标是可以实现的，只是要走过一条艰辛的自省之路。

第四，目标既要与其他目标有相关性，也要与环境相关。每个好的目标都不是孤立的，如果一个目标实现了，但与其他目标完全不相关或者相关度很低，那么这个目标的意义就不大。曾国藩的终极目标是成为圣人，因此当他的军权最盛之时，虽然有同僚劝他造反，他也不会接受，因为他的目标不是拥有至高无上的权力。

第五，目标是有时效性的，要有明确完成的时间，在同时存在多个目标时，要设定目标的优先级。一个没有时间限制的目标无法进行考核，只会成为一个摆设，起不到任何督促作用。在倒计时的压力下，人的潜力才能被激发出来，这间接促使目标得到实现。

SMART法则与绩效管理相匹配，并非所有管理大师都赞同这种方式，世界著名的质量管理专家威廉·戴明（William Deming）博士，曾对目标导向的管理持强烈的批判态度。他在20世纪80年代曾十分明确地发出告诫："绩效考核，不管称它为控制管理或什么其他名字，包括目标管理在内，是唯一对今日美国管理最具有破坏性的力量。"

戴明认为，管理不应该过度追求以"目标"为导向，而应专注于以"过程"为导向。

实际上，目标与过程是一体两面的。阿里巴巴有句接地气儿的"土"话："没有过程的结果叫垃圾，没有结果的过程叫放屁。"这话听起来俗，却一针见血地点出了"目标"和"过程"是两条腿，少了哪一条都会摔跟头。复盘就是既找到真实目标，又还原真实过程，而螺旋力是在目标与过程的相互作用中产生的。

能分解的目标才是靠谱的目标

很多人在每年年末，习惯性地定下自己的新年目标，最常见的可能是减肥。看起来，这算是一个符合SMART法则的目标，它很具体，就是减少脂肪；也是可衡量的，如一年要减10千克；看起来是可达到的；与其他目标有相关性，如健康；还有时效性，一年内实现。

但是，类似的目标90%都难以达到，这是为什么呢？我们常常将之归为缺乏毅力，这个答案看起来是偷懒的万能答案，而非具体的解决方式。其中的核心是分解目标。

2012 年，美团创始人王兴在集团大会上分享了一个目标：2015 年美团应该实现全年（交易额）1000 亿元的目标。这个目标听起来是不可能达到的，因为 2012 年美团的交易额只有 55.5 亿元。

王兴提出这个目标是在对过去三年进行复盘的基础上，对未来三年的展望。他的观点是：再难的事情，你只要把它分解，分解，再分解，然后每一步都有人负责，都有团队负责，每个人都靠谱，那么整个事情就都靠谱。

把 1000 亿元这个看起来很大的数字分解一下，就会发现，只要美团在 2013 年顺利地完成交易额 188 亿元的目标，2014 年和 2015 年平均每年只要增长 140%，即每年 2.4 倍，到 2015 年就能顺利地完成 1000 亿元的目标。

每年增长 140%，看起来很吓人，实际上是比美团过去几年的增长都要慢得多的。因为之前都是 10 倍、3.8 倍、3.4 倍，当然过去基数小，所以倍数高，现在设定到 140%，也是合理的。

实际结果是，2015 年年底，美团平台交易额达到 1300 亿元。

判断一个目标是激进还是保守，方法很简单，只要看它能否分解下去。

三步分解法

对目标的分解有多种方法。在此介绍一种最简单的方法，具体可以分为三步。

第一步：将大目标拆成可视化的小目标

如果大目标是成为圣人，可能需要 20 年才能达成，那么小目标就是一年内先戒掉自己身上的坏习惯。

越是宏大的大目标，小目标就越要具体可执行。曾国藩定下"成为圣人"的目标后，在道光二十二年给自己订下了每天例行的十二条功课，即"日课十二条"，完成这十二条，就是非常具体的小目标。

第二步：分解到个人行动层面

确定小目标之后，就要导向"接下来做什么"，即开始做什么、继续做什么、停止做什么。

开始做什么，就是根据复盘中总结出来的普遍规律，开始做哪些新事情。例如曾国藩定下"成为圣人"的目标后，复盘得出个人太过浮躁，为了加强自律，他开始写日记。

继续做什么，就是找到之前表现不错的地方，继续强化。可能令你感到意外的是，优点有时比缺点隐藏得更深，由于成功的变量很多，你必须清晰地找到最根本性的正面因素，那些负面因素反而更容易识别。例如：曾国藩复盘得出自己是"拙"人，认为自己"生平短于才""自问仅一愚人"，连对他推崇有加的梁启超也认为他"非有超群轶伦之天才，在并时诸贤杰中，称最钝拙"。笨拙，听起来像是一个贬义词，但经过深入分析得出，拙才是大巧。他一生尚"拙"，有一句名言："唯天下之至诚能胜天下之至伪，唯天下之至拙能胜天下之至巧。"他在学习中"拙"得专注，在工作中"拙"得执着、在生活上"拙"得用心，将这一点发挥到了极致。

停止做什么，是经过复盘发现原来哪些做法错了或者效率低下，果断停止。例如曾国藩复盘得出自己脾气暴躁，于是他下定决心提高涵养。有一次，他和自己的同乡、刑部主事郑小珊因为某事意见不一致吵起来了，隔着桌子差点要动手。大家将二人拉开后，他们还彼此指着对方的鼻子破口大骂。意识到自己的问题后，曾国藩主动去找郑小珊道歉，冰释前嫌。

曾国藩有很重的烟瘾，读书时几乎烟不离手。他也曾试着戒过两次，但是都没有成功。

但既然立下了"成为圣人"的目标，圣人怎么能执着于物，他下定决心戒烟。刚开始戒烟，他寝食不安，但他忍着巨大的痛苦，砸毁了烟袋，烧掉了烟叶，戒烟行动进行了快一个月的时候，他在日记中写道："吾自戒吃烟，将一月矣，今差定矣！"

第三步：比照大目标，对小目标进行复盘，看是否会打偏

这是一个不断校准方向的过程，一旦确定大目标就轻易不要变化，但是可以在过程中调整小目标。每次对小目标进行复盘后，要问自己以下两个问题。

1. 如果不达成这个小目标，对大目标会有什么影响？
2. 如果没有影响，那么是否可以选择一个替代性的目标？

由此可见，把大目标变成小目标并一步步实现，靠的不仅是毅力，更是智慧。

1984 年东京国际马拉松邀请赛上，默默无名的日本运动员山田本一出人意料地获得冠军。当记者采访他成功的秘密是什么时，山田说"凭智慧战胜对手"。大家对此很不解，马拉松比赛凭的就是体力、耐力，山田本一身材矮小，靠爆发力和速度基本没有什么用，他是不是偶然领先，然后故弄玄虚？

过了两年，山田本一又参加了在意大利米兰举行的国际马拉松邀请赛，他

还是一路领先并夺冠。同一个记者采访他时问了同样的问题，不善言辞的山田还是只回答了同样一句话："凭智慧战胜对手。"

十年后，山田本一退役做教练，在其自传中首次披露了其成功的秘密。原来，他每次比赛前自己先驾车沿着比赛的线路走一圈，并把沿途醒目的标志记下来，比如第一处是银行，第二处是红房子，第三处是一棵大树……一直记录到终点。比赛时，他就以百米冲刺的速度跑完第一段，然后信心百倍地向下一个目标冲去。这样，全程40多公里被他分成若干个小目标轻松地跑完。而之前的比赛，他总把目标锁定在彩旗飘扬的终点，只跑了十几公里就会全身疲惫，被后面的路程吓倒了。

回归本质必须事上磨

正确而有意义的目标，还是要从事物的本质出发。复盘能够帮助你拨开一层层的表象，回归本质。对本质多认识一重，距离终极目标也更接近一步。

所谓顶级高手，都有一键回归本质的能力，听起来，这带有玄学的色彩，如同某个时刻的顿悟。其实即使有人天赋更好，剥茧抽丝的逻辑能力更强，要想做到直击本质，也要"事上磨"、勤复盘。

王兴敢在美团的年交易额只有55亿元时，提出三年内达成千亿元的目标，并且最终实现了，靠的不是算命的本事，而是基于对产业本质与时代机遇的洞悉。

知乎创始人周源回忆，他第一次创业，有一次王兴到公司和他聊天。王兴看到他的书柜就跑过去看书，然后发现一堆印了他的名字、职位却不同的名片。王兴转头问周源："你为什么有这么多不同的名片？"周源尴尬地笑着回答：

"当时公司就几个人，我就是为了见不同的人方便谈合作啊。"王兴直接说这不可能，你应该把适合这些职位的人都招到。周源回忆："这是件多年前的小事。团队即分工，创始人是一块砖，而不是哪里都可以搬的砖。用人所长，也明确自己最应该做的事情，我觉得他是一个一直坚持做自己擅长事情的人吧。"

水滴筹创始人沈鹏曾是美团第 10 号员工，他曾在公开场合表示："王兴是一个非常少有、非常值得我珍惜的好老板。"2021 年 5 月，水滴公司在纽纽交易所上市，股价一路狂跌，王兴给他留言："不必太在意股价，你只负责把公司经营得更好就够了。"沈鹏理解这是王兴在提示他要回归经营公司的本质——股市短期是博弈期，长期是承重期，当公司经营得越来越好时，自然就会回归到应有的价值。

其实王兴并不具备超能力，他对本质的理解是长期训练的结果。首先，这得益于他吃过的亏足够多，经历了校内网和饭否两次创业失败。他屡败屡战，一次次跌倒又爬起来的过程就是最好的学习。另外，他善于学习，在学习上所花的时间比在任何其他爱好都多，采用了一切学习的手段，阅读、查资料、向同行学、向竞争对手学。

为了读书，他专门买了三部 Kindle。他说自己"尽可能地多看书，商业管理有一些，小说有一些，读的最多的还是与历史相关的书。看书对自己而言是心灵层面的成长，不管我是 CEO 还是我干其他事情，有一些东西不会改变——我还是对事物充满好奇，有些事情对我来讲，它的乐趣在于了解它本身"。因此，王兴所表现出来的聪明是长期学习之后萃取出来的结果。

持续学习滋养了他深度思考的能力。深度思考体现在"反复"上。对战略的反复折腾、反复琢磨；对效果的反复折腾、反复琢磨；对成果的反复折腾、反复琢磨；对失败的反复折腾、反复琢磨，这种反复的过程，也是一种复盘。

深度思考是一个人成长中最关键的一环，优秀的人会愿意想清楚一件事中的逻辑关系，愿意想清楚其中的前因后果。

对多数人而言，对本质的理解都是一点点磨出来的。

当王阳明和曾国藩立下要做圣贤的至高目标后，他们最初对圣贤的理解，都还停留在前人书面的描绘上。对"何为圣贤"，其实是模糊的，他们需要经历一个一个小目标的达成或幻灭，本质才能越擦越亮。

王阳明 12 岁时，就向先生提出自己的人生头等大事是做圣贤，但很快就历经了五个阶段的沉溺。他的好友湛甘泉为其写的墓志铭里这样总结："初溺于任侠之习，再溺于骑射之习，三溺于辞章之习，四溺于神仙之习，五溺于佛氏之习。正德丙寅，始归正于圣贤之学。"也就是说，虽然早早立志，王阳明也走过弯路，直到 35 岁才归正于圣贤之心。当被贬龙场驿时，他在《教条示龙场诸生》中谈道："故立志而圣，则圣矣；立志而贤，则贤矣。志不立，如无舵之舟、无衔之马，漂荡奔逸，终亦何所底乎？"经历了少年的轻狂、青年的磨砺、中年的苦难之后，对于成为圣贤经历了"立志、怀疑、专注、圆满"四个阶段，他才有了直抵本质的认识。

所谓人生没有白走的路，每一步都算数，那些岔路口，也都是本质的破碎表现，折射出"本质"到底是什么，回望过往种种，你的本性和真心、你所要找寻的终极目标，都已经隐藏其中。暂时看不穿也没关系，只要有复盘的意识，一时偏离也能找回大道。

如何积蓄直抵本质的力量

乔布斯以洞悉产品本质的能力著称。在他的美学哲学里，所有产品都不能有一丝多余的东西，每一个线条、每一个按键都要考虑是不是必需的，如果不是必需的，就毫不留情地砍掉。

他的御用设计师乔纳森·伊夫（Jony Ive）几乎被乔布斯逼疯了，乔纳森回忆道："他总是要求我，这个东西能减掉吗？还能再简洁点吗？"

今天看来，手机没有按键，只使用触屏是再正常不过的事，但放在苹果诞生之前，这简直难以想象。乔布斯偏执地认为，要把所有该死的按键都消灭，苹果由此获得巨大的成功。

乔布斯的敏锐直觉，恰恰就是苹果产品设计灵感的源头。

直抵本质的力量带给乔布斯的不只是对产品的理解，更是认识世界的全新方式。我们可以听一下他在斯坦福大学的演讲，其中充满了对生命本质的洞察。他在演讲中分享了三个故事：第一个故事是串联起他生命中的点点滴滴，讲的是"从哪里来"；第二个故事是"爱与迷失"，讲述了他在苹果公司的出走与归来，讲了"我是谁"；第三个故事是关于死亡的故事，他对癌症的态度，以及借死亡来打破生活的遮蔽，讲的是"到哪里去"。

"我是谁""从哪里来""到哪里去"，是关于人生本质的终极三问。万物各有表象，而表象时刻变化，乔布斯对本质的理解让他在众多纷扰之中，凭借直觉，辨识方向；与此同时，他把这种洞悉以一种惊人的专注、坚决甚至蛮横的方式在公司中加以践行。

当生活让人心灰意冷、万念俱灰、迷失时，是什么支撑一个人继续走下去呢？乔布斯说，是爱，是梦想，爱是一切的本质。

不要以为这是"鸡汤"，乔布斯所找到的本质，即一切学问与实践不仅利己更要利人。为更多的人谋求更美好、更有创造力的生活，才是知行力生生不息的源泉所在。这就是我们接下来要探讨的致良知。

知行力的终极目标是致良知

通过复盘，由目标逼近本质，由本质逼近良知，良知也是知行力的终极
出口。

王阳明在正德十六年（1521 年），提出了致良知，这是他一生思想成熟后的
核心。

他总结自己一生的学术思想时说："吾平生讲学，只是致良知三字。"此外，
他还在诗中感慨道："乾坤由我在，安用他求为？千圣皆过影，良知乃吾师。"

何为良知？良知是指每个人内心生而具备的道德感与判断力。这并非王阳
明原创，"良知"一词始于孟子，"人之所不学而能者，其良能也；所不虑而知者，
其良知也"。王阳明将它引入自己的思想体系后，给它赋予了更多重的意义。

他用"至、极、尽"来解释"致"字，也就是说，致良知是扩充推行自己
先天就有的良知，把良知推广到做事中去，"必致其知如何为温清之节者之知，
而实以之温清；致其知如何为奉养之宜之知，而实以之奉养，然后谓之致知。"

致良知的基本意义就是拓展自己的良知，将自己的良知扩充到底，并将良
知推广到日常生活中去，这是从良知本体向良知发用的展开。然后，从外部具
体事物获得的知识返回到良知，使良知的内容得以丰富、扩大。致良知是螺旋
上升、没有止境的。

王阳明将"致"的全部过程理解为良知的作用，也就是说，他将除私欲的
过程同样归结为良知。如果没有这个过程，仅仅凭主观行事，就如同"以贼为
子，以土为食"一样愚不可及。

在 1526 年，王阳明提出了良知五论。

一论：良知与礼，不修行心学，就会失去人情，礼法就只剩下形骸。

二论：良知与太虚，良知本体是一种道德感知。

三论：良知与闻见，圣人教学第一要义，也就是学问的根本就是致良知，良知与闻见是一体的。

四论：良知与思索，思索是天理的灵丹妙药。

五论：良知与机诈，只要相信自己的良知，就能达到至诚的境界，万事皆明，自然没有不知道的事，没有必要怀疑别人，他人也无法欺诈你。

致良知与知行合一之间是什么关系呢？

"致"本身兼具知与行的特点。按照严格的学术研究，王阳明提出知行合一在前，致良知在后。提出良知学说以后，王阳明较少谈知行合一。但二者之间存在密切关系，而且不能互相取代。他反对向外探求道德之理，特别反对道德空谈。

王阳明对此举例加以说明："如言学孝，则必服劳奉养，躬行孝道，然后谓之学，岂徒悬空口耳讲说，而遂可以谓之学孝乎？学射则必张弓挟矢，引满中的；学书则必伸纸执笔，操觚染翰。尽天下之学无有不行而可以言学者，则学之始固已即是行矣。笃者，敦实笃厚之意，已行矣，而敦笃其行，不息其功之谓尔。"

这段话的意思很浅白，要点在于：穷尽天下学问，没有不笃行而可以被称作学习的，所以学习的开始本来就是行。笃，就是踏实笃厚的意思，行动要踏实笃厚，不让工夫间断。

总之，王阳明要人们时刻省察内心，在知行合一中做好内心清理。南京大学教授郦波认为，从知道到做到，叫"事上练"，然后到"行"和"合"，"合"到"一"，这个"一"就是"致良知"终极的那个"一"，不是终极，不是最后，它是否定之否定，没有止境，可以不停地向上升华。王阳明亲身践行了这一点，圣人不是摆在那里、立在那里，他们自己的人生也是不停成长、永无止境的。

"致良知"在王阳明及后世许多人心中，包括当代卓越的企业家心中，似乎有无穷威力，它的奥妙究竟在何处？难道仅是"做个好人"？

心学与实学

稻盛和夫先生在《心：稻盛和夫的一生嘱托》一书中，谈到了他一生的总结："一切成功都归结于利他之心。"

在利他之心的指引下，他一生创办了两家世界500强企业，历经五次大萧条始终赢利。78岁时，稻盛和夫应邀担任日本航空公司的会长，本来是完全不懂航空业务的门外汉，却在短短一年内，让这家濒临破产的公司业绩反弹，此后多次突破盈利纪录。稻盛和夫还开办盛和塾培养了上万名企业家。

稻盛的利他之心，就是致良知的现实应用。他在拯救日航时，首先在日航员工中开展了一场"心之改革"。

他要求员工以"利他之心"服务客户，让乘客产生"下次还想乘坐那趟航班"的想法；组织"干部训练班"项目，亲自为干部们讲授自己的管理哲学，如"私心了无，为社会、为世人尽心尽力"等，而且在每节课后组织一场"空巴"，即课后饮酒闲谈。

这些都是从心入手，把自己的良知由己推人，影响到团队，唤起集体燃烧的斗志。

不过，如果你将稻盛和夫的方法照搬到自己的工作与生活中，能否获得成功？答案是几乎不能，而且很可能惨败。

因为稻盛和夫既有心学，也有实学，忽略实学只看到心学，很容易变成给自己和员工"洗脑"。

稻盛的实学，是脚踏实地、拳拳到肉的能力。正如他在经营实践中总结出来的七条原则：

- 以现金为基础的经营；
- 贯彻一一对应的原则；
- 彻底地实行筋肉坚实的经营；
- 贯彻完美主义；
- 用双重确认的办法保护公司和员工；
- 提高核算效益；
- 实行透明经营。

这七条原则保证了公司的生存和发展。

1973 年 10 月，第一次石油危机爆发。1974 年 1 月，京瓷订单每月有 27 亿日元，但到了 7 月，骤减至不到 3 亿日元，减少了将近 90%。当时士气低沉，稻盛和夫告诉大家不要担心："即使大企业也因不景气接连破产，京瓷仍然可以生存，哪怕连续两三年的销售额为零，员工们照样有饭吃，因为我们具备足够的储备。"

此刻让大家安心，靠的不仅是语言，因为京瓷随时可以动用的现金约有

7000 亿日元，有如此充裕的储备，不管遭遇怎样的萧条，都不会很快动摇经营的根基。

接手日航之后，稻盛和夫走遍了日航在日本所有的机场、机库和销售办事处，还在就任前两周分别会见了所有子公司 100 位总经理，每次会见 1 小时，每天从早上 9 点到下午 6 点，周末也不例外。2010 年 5 月，他又和 30 家分支机构负责人召开了 1 个月的业务会议，每场会持续 3 小时以上，并在会上如暴风骤雨般提出尖锐的问题。正是基于这样的实学，心学才能发挥作用，他并不是坐在办公室里讲讲课，就完成了变革。

心学与实学并非割裂的，而是互为支柱，互相支撑。关于稻盛和夫提出的阿米巴模式，2021 年年中，在国内曾有一场大争论，反对者认为这种方法在中国很尴尬，甚至导致很多公司倒闭了，"内部市场化"与"绩效主义"导向贻害无穷。支持者则认为，这是对阿米巴的误读，稻盛是反对绩效主义的，践行阿米巴的理想状态并不是内部竞争，而是希望各个阿米巴在谋求与相关部门协调一致的同时，自发地提升自己的实力。

真理越辩越明，这种讨论对管理思想的深入大有裨益，有利于传递对一个精深问题的更完整认识。有意思是，双方的观点虽然存在诸多分歧，在一个问题上却达成共识，即阿米巴的根基在于稻盛和夫的文化与哲学：利他与敬天爱人。

稻盛和夫对此也有清晰的认知。他最初运用阿米巴把京瓷分割为小型团队，为每个团队建立自负盈亏的会计系统，就曾反思这一做法背后的根本原因：

　　我曾经百思不得其解，如何才能充分发挥员工的个人能力，让每个人充满干劲？深入思考之后，我想到了"返回起点"的办法——把每一名员工都变成管理者……人们的工作业绩不会立即体现在薪资收入上，他们得到更多的是人们的认可和个人荣誉……如果没有全员参与，没有员工之间的相互信任，我的阿米巴思想根本无法奏效，重要的是大家心往一块想，劲往一处使。

良知就是判断力

从稻盛和夫的案例中我们不难看出，心学外显为致良知，实学外显为知行合一，心学与实学，不可分割。

有人认为致良知过于理想化，面对那些现实而残酷的挑战，怎么能靠激发别人的良知就化解呢？其实不用把良知应用神秘化，良知就是判断力，能分清是非善恶，而分清是非能获得智慧，分清善恶能获得品德。

良知与一切事情的关系，就如圆规、方矩、尺子与方、圆、长短的关系。事物随时都在变，但你自己内心的尺度不会变。正如稻盛和夫所说："在我的人生中，我绝不左顾右盼，而是遵循'利他'之心，一心一意沿着自己相信的道路，笔直前行，义无反顾。"

王阳明用自己的一生通过无数实例验证了"良知之学"的实用性。

1510 年，王阳明被任命为庐陵知县。一到庐陵，他就抓获了一名大盗。庭审时，大盗摆出一副要杀要剐悉听尊便的态度，王阳明不打不骂，说："好热！把外衣脱了，我们再聊。"大盗毫不在意，脱就脱！过了一会儿，王阳明接着说："着实是热，把内衣也脱了。"大盗笑了笑："光膀子是常事，没什么大不了的。"王阳明又说："还是热，我看你把外裤也脱了吧。"大盗脱下了外裤，王阳明说："你索性把内裤也脱了吧，一丝不挂更自在。"这下大盗使劲摇头："这可使不得！使不得！"

此刻王阳明说："你死都不怕，却怕脱掉一条内裤，这说明你还是有廉耻之心的，我可以和你讲道德廉耻了。"大盗折服，乖乖认罪伏法。

这种"出其不意，攻心诛心"的方法，在王阳明的经历中比比皆是，注重在时时事事上去致良知，是阳明心学大受欢迎的核心原因。

我们全书讲知行力，而知行力的最高境界，就是致良知。

2021 年年底，我与脉脉的创始人林凡进行过一次对话，谈到了"内卷"与"躺平"等职场流行语，我们认为，这背后其实是对成长充斥无力感和缺乏有效性的投射，要想跳出这种倦怠，养成点点滴滴的知行力就是最好的起点。

本章核心内容

---

1. 知行合一的显性作用是对知识的探求、获取、访问、积累、编辑与存储，隐性作用则是对知识的采纳、应用、传播和转化，二者每时每刻都在相互作用、相互转化。

2. 复盘就是既找到真实目标，又还原真实过程，而螺旋力是在目标与过程的相互作用中产生的。

3. 越是宏大的大目标，小目标就越要具体可执行。

4. 确定小目标之后，就要导向"接下来做什么"，即开始做什么、继续做什么、停止做什么。

5. 顶级高手都有一键回归本质的能力，听起来这如同某个时刻的顿悟。其实即使有人天赋更好，剥茧抽丝的逻辑能力更强，要想做到直击本质，也要"事上磨"，勤复盘。

6. 人生没有白走的路，每一步都算数，那些岔路口，也都是本质的破碎表现，折射出"本质"到底是什么，回望过往种种，你的本性和真心、你所要找寻的终极目标，都已经隐藏其中。

7. 从知道到做到，叫"事上练"，然后到"行"和"合"，"合"到"一"，这个"一"就是"致良知"终极的那个"一"，不是终极，不是最后，它是否定之否定，没有止境，可以不停地升华。

8. 心学与实学并非割裂的，而是互为支柱，互相支撑。没有心学，实学就会变味成短期的功利主义；没有实学，心学就变成"洗脑"。

9. 不用把良知应用神秘化，良知与一切事情的关系，就如圆规、方矩、尺子与方、圆、长短的关系。事物随时都在变，但你自己内心的尺度不会变。

参考文献

[1] 莫提默 J 艾德勒，查尔斯·范多伦. 如何阅读一本书 [M]. 郝明义，朱衣，译. 北京：商务印书馆，2004.

[2] 奥野宣之. 如何有效阅读一本书 [M]. 张晶晶，译. 南昌：江西人民出版社，2016.

[3] 安妮特·西蒙斯. 故事思维 [M]. 俞沈彧，译. 南昌：江西人民出版社. 2017.

[4] 加布里埃尔·多兰. 做个会讲故事的人：如何在商界讲好故事 [M]. 唐奇，译. 北京：中国人民大学出版社. 2018.

[5] 雪莉·艾利斯. 开始写吧：非虚构文学创作 [M]. 刁克利，译. 北京：中国人民大学出版社. 2012.

[6] 阿斯沃斯·达摩达兰. 估值与故事 [M]. 廖鑫亚，艾红，译. 北京：中信出版集团. 2018.

[7] 申克·阿伦斯. 卡片笔记写作法：如何实现从阅读到写作 [M]. 陈琳，译. 北京：人民邮电出版社. 2021.

[8] 夏丏尊，叶圣陶. 七十二堂写作课 [M]. 北京：开明出版社. 2017.

[9] 斯坦尼斯拉斯·迪昂. 脑与阅读 [M]. 周加仙，等译. 杭州：浙江教育出版社. 2018.

[10] 彼得·孔普. 如何高效阅读 [M]. 张中良，译. 北京：机械工业出版社. 2015.

[11] 野中郁次郎，竹内弘高. 拥有智慧的企业 [M]. 陈劲，姜智勇，译. 北京：人民邮电出版社. 2020.

[12] 本尼迪克特·凯里. 如何学习 [M]. 玉冰, 译. 杭州: 浙江人民出版社. 2017.

[13] 威廉·庞德斯通. 知识大迁移 [M]. 闫佳, 译. 杭州: 浙江人民出版社. 2018.

[14] 陈中. 复盘: 对过去的事情做思维演练 [M]. 北京: 机械工业出版社. 2017.

[15] 邱昭良. 复盘+: 把经验转化为能力 [M]. 3 版. 北京: 机械工业出版社. 2018.

[16] 陈春花. 价值共生: 数字化时代的组织管理 [M]. 北京: 人民邮电出版社. 2021.

[17] 彼得·考夫曼. 穷查理宝典: 查理·芒格的智慧箴言录 [M]. 李继宏, 译. 北京: 中信出版集团. 2016.

[18] 许荣哲. 小说课 [M]. 北京: 中信出版集团. 2015.

[19] 许荣哲. 故事课 [M]. 北京: 北京联合出版公司. 2018.

[20] 克里斯·安德森. 演讲的力量 [M]. 蒋贤萍, 译. 北京: 中信出版集团. 2016.

[21] 尼基·斯坦顿. 沟通圣经 [M]. 罗慕谦, 译. 北京: 北京联合出版公司. 2015.

[22] 理查德·德威特. 世界观 [M]. 李跃乾, 张新, 译. 北京: 电子工业出版社. 2014.

[23] 丹尼尔·卡尼曼. 思考, 快与慢 [M]. 胡晓姣, 李爱民, 何梦莹, 译. 北京: 中信出版集团. 2012.

[24] 约瑟夫·坎贝尔. 千面英雄 [M]. 黄珏苹, 译. 杭州: 浙江人民出版社. 2016.

[25] 冈田武彦. 王阳明大传 [M]. 杨田, 冯莹莹, 袁斌, 孙逢明, 译. 重庆: 重庆出版集团重庆出版社. 2016.

[26] 度阴山. 知行合一王阳明 [M]. 北京: 北京联合出版公司. 2014.

[27] 陈来. 有无之境: 王阳明哲学的精神 [M]. 北京: 北京大学出版社. 2016.

[28] 钱穆. 阳明学述要 [M]. 北京: 九州出版社. 2010.

[29] 王阳明. 传习录 [M]. 郑州: 中州古籍出版社. 2016.

[30] 张宏杰. 曾国藩传 [M]. 北京: 民主与建设出版社. 2018.

[31] 罗伯特·希勒. 叙事经济学 [M]. 陆殷莉, 译. 北京: 中信出版社. 2020.

[32] 野中郁次郎, 竹内弘高. 创造知识的企业 [M]. 吴庆海, 译. 北京: 人民邮电出版社. 2019.

[33] 罗伯特·西奥迪尼. 先发影响力 [M]. 闫佳, 译. 北京: 北京联合出版公司. 2017.

[34] 伊丽莎白·哈斯·埃德莎姆. 麦肯锡传奇：现代管理咨询之父马文·鲍尔的非凡人生 [M]. 魏青江，方海萍，译. 北京：机械工业出版社. 2020.

[35] 纳西姆·尼古拉斯·塔勒布. 随机漫步的傻瓜 [M]. 盛逢时，译. 北京：中信出版社. 2012.

[36] 稻盛和夫. 心：稻盛和夫的一生嘱托 [M]. 曹岫云，曹寓刚，译. 北京：人民邮电出版社，2020.

后记

写作本书时，我还是一位创业者。2016 年 6 月，我离开毕业后就一直就职的某主流财经媒体，投身于知识付费的浪潮。有的人创业是为了财务自由，有的人是为了实现愿景，有的人是为了不受束缚，而我是为了探寻"知行力"的实修之路。

讲了这么多年卓越企业家的故事，看了数百个惊心动魄的商业案例，但自己不真正触碰火焰，哪能体会到火焰的温度？即使会被灼伤，也必然对知与行的圆融一体有所裨益。

经过近六年的折腾，读万卷书、行万里路、见万个人、解万件事，结合在一起，始悟到知行合一的核心是认知自己。唯有澡雪精神，庄严使命，知与行才能真正合一。把自己搞明白了，也就把世界搞明白了，"知"也在道上，"行"也在道上，从道的层面上说，"知行"是高度统一的。

等到此书出版，生命中真是充满有趣的轮回，我恰好面临人生事业中的又一次重大抉择，再次回到了这家媒体。所谓"人不能两次踏入同一条河流"，我已不是我，河也不是河，将这几年事上磨的体悟用在工作之中，果然立竿见影。

知行力是什么？它就是心中之锚，让我们在波浪沉浮中不会茫然失措。"天行健，君子以自强不息。"自强并非表面上的争强好胜，而是从内心深处释放自己，这必须通过知行力的实修才能实现。

感谢人民邮电出版社的张渝涓和刘艳静两位老师，她们给了我非常专业的意见。

特别致谢灯塔知行社曾经与我共同战斗过的小伙伴，我曾经创立这家公司，它的名字就如我之所愿：知行力就是每个人心中的灯塔。